CODE DE LA TOILETTE.

DU MÊME AUTEUR :

CODE GOURMAND, troisième édition, avec gravure de Devéria. . . . . 3 fr. 50 c.

CODE CIVIL, huitième édition, avec gravure de Dévéria. . . . . 3 fr. 50 c.

CODE DE LA CONVERSATION, manuel complet du langage élégant et poli, par M. Saint-Maurice, 1 vol. in-18, gravure. . . . . 3 fr. 50 c.

CODE DE COMMERCE, manuel complet d'industrie commerciale, contenant les lois, règles, applications, et exemples de l'art de gagner sa vie, et de faire fortune le plus honnêtement possible, par M. Saint-Maurice, 1 vol. in-18. 3 fr. 50 c.

CODE THÉATRAL, physiologie des Théâtres, manuel complet de l'Auteur, du Directeur, de l'Acteur, et de l'Amateur, par M. A. Rousseau, 1 vol. in-18, gravure, 3 fr. 50 c.

CODE DES FEMMES, par M. Carré, 1 vol. in-18, 3 fr. 50 c.

Sous Presse :

CODE DE LA CHASSE, par Horace Raisson.

CODE ANECDOTIQUE, recueil d'anecdotes, histoires et contes inédits en prose et en vers, par MM. Horace Raisson, Mortonval et Merville.

CODE ÉPICURIEN, choix de chansons anciennes, modernes et inédites, par A. Rousseau.

CODE CIVIQUE, manuel complet du citoyen constitutionnel.

CODE PÉNAL des honnêtes gens, troisième édition, 1 vol. in-18, gravure. . . . . 3 fr. 50 c.

CODE CONJUGAL, 1 vol. in-18, gravure de Tony Johannot. . . . . 3 fr. 50 c.

CODE CULINAIRE.

IMPRIMERIE ET FONDERIE DE G. DOYEN,
RUE SAINT-JACQUES, N. 38.

Départ pour le bal.

CODE

DE

LA TOILETTE,

MANUEL COMPLET

D'ÉLÉGANCE ET D'HYGIÈNE.

CONTENANT

LES LOIS, RÈGLES, APPLICATIONS ET EXEMPLES
DE L'ART DE SOIGNER SA PERSONNE,
ET DE S'HABILLER AVEC GOUT ET MÉTHODE;

PAR HORACE RAISSON.

4ᵉ Édition

REVUE ET AUGMENTÉE.

*

Un homme rasé a des idées bien supérieures à celles
d'un homme qui n'a pas la barbe faite. STERNE.

*

PARIS.

J.-P. RORET, LIBRAIRE-ÉDITEUR,

QUAI DES AUGUSTINS, N. 17 BIS.

M. DCCC. XXIX.

PROLÉGOMÈNES.

Parmi les innombrables exigences sociales, la plus motivée, la plus impérieuse, la seule peut-être devant laquelle tout le monde doive chaque jour se soumettre, la Toilette, nous a semblé digne de tous les soins, de toutes les méditations des hommes du monde; aussi, dans le petit livre que nous leur soumettons aujourd'hui, nous sommes-nous appliqués, voulant leur épargner de longues et fastidieuses recherches, à réunir en un seul corps de doctrines les lois, les règles, les enseignements, les exemples, que la mode, la raison et l'hygiène, d'accord une fois, ont positivement consacrés.

Le fruit de notre travail ne saurait être sans utilité : c'est en effet sur sa mise et sa tournure que le vulgaire juge d'abord un homme, et le vulgaire en cela a raison, car les rapports du physique et du moral sont trop intimes pour ne pas exercer l'un sur l'autre une grande et réciproque influence.

Trop de gens ont eu à se repentir de leur ignorance dans l'art de s'habiller. Aujourd'hui toutes les classes de la société revêtent le même costume, la seule manière de le porter établit extérieurement les distinctions : le moment nous semble donc venu de publier le *Code de la toilette*.

Que l'on n'aille pas toutefois se méprendre au sens de ce mot *toilette*, et penser que ce soit seulement l'art de choisir et d'harmoniser, avec plus ou moins d'élégance, les diverses parties du vêtement, qui ait été l'objet de nos recherches. La toilette, comme nous l'entendons, comme nous avons entrepris de la faire comprendre, est essentiellement liée à l'hygiène : c'est d'elle surtout que dépendent la santé, le bien-être, la longévité, le bonheur.

Seconder, soigner, embellir la nature, voilà tout l'art de la toilette : il existe une foule de petits soins, de précautions futiles en apparence, dont on ne saurait impunément négliger l'usage quotidien, et sur lesquels repose la plus précieuse comme la plus périssable des choses de ce monde, la beauté.

Il n'y a pas de femme, dit madame de Genlis, qui n'ait au moins un secret de toilette : en concluera-t-on que toutes les femmes soient coquettes ? Ce serait une erreur ; il y a aussi loin du soin de sa personne à la coquetterie, que de l'amour-propre à l'égoïsme.

La toilette, qui corrige et pallie les défauts extérieurs, qui prolonge la jeunesse, ravive l'esprit, devient un moyen de séduction, de succès, de fortune, doit être, nous le savons, en rapport avec l'âge, la personne, la profession, la physionomie ; mais il n'en est pas moins vrai qu'elle a pour bases des principes positifs que l'on ne peut ignorer, et dont il serait dangereux de mépriser l'observation. Si d'ailleurs elle nous soumet parfois à quelques petites contrariétés, si elle nous cause certains légers élans d'impatience, que d'avantages réels n'apporte-t-elle pas en retour ! Une personne parfaitement bien mise acquiert par cela seul une sorte d'importance; sans avoir le temps de se rendre compte de l'impression que son aspect produit, on conçoit une idée favorable de ses habitudes d'ordre, de convenance, d'économie, de sociabilité.

Un jeune peintre, vêtu avec ce laisser-aller que les artistes poussent souvent jusqu'à l'affectation, se présentait un jour, muni d'une lettre de recommandation, chez un riche seigneur, protecteur éclairé des lettres et des arts. Il fut reçu plus que froidement. Après un court entretien, dans lequel il fit preuve d'esprit, d'amabilité, et de solides connaissances, il se retirait, lorsque le ministre se levant le reconduisit jusqu'à l'antichambre avec une politesse tout affectueuse. Il ne put s'empêcher de témoigner sa surprise de tant de différence entre l'accueil et l'adieu. « Mon jeune ami, lui dit son nouveau protecteur, on reçoit un inconnu selon sa mise, on le reconduit suivant son mérite. »

Loin de conclure de cet exemple que la toilette soit inutile, on doit être frappé de cette défaveur que la négligence jette d'abord ; d'ailleurs a-t-on toujours occasion de montrer ce qu'on vaut ? puis les gens qui vous jugent sans vous parler; et la difficulté de faire revenir sur une première impression ; et les femmes qui sentent et prononcent si vivement ! en voilà plus qu'il n'en faut pour faire apprécier l'importance de la toilette , dont Henri IV caractérisait si bien la nécessité, en disant : « Je ne sais comment on se peut dispenser d'honnêteté et de propreté, lorsqu'il ne faut qu'un verre d'eau pour être propre, qu'un coup de chapeau pour être honnête. »

Encouragés par le succès du *Code gourmand**, petit ouvrage où nous avons réuni, dans un cadre que l'on a trouvé ingénieux, tout ce qu'il importe de savoir pour s'acquitter dignement des devoirs importants d'Amphitryon et de convive, nous avons publié, il y a quel-

* La quatrième édition du *Code gourmand*, manuel complet de gastronomie transcendante, contenant les lois, règles, applications, et exemples de l'art de bien vivre, revue, augmentée, et ornée d'une gravure de Devéria, et d'une carte gastronomique de France, vient de paraître.

ques mois, le *Code civil*. Là nous avons tenté de rassembler et de réduire en préceptes cette foule de riens importants, de nuances légères, de graves futilités, auxquels l'usage a donné force de loi dans nos salons, et qu'avec tout l'esprit du monde on ne saurait deviner. L'accueil favorable que cette bagatelle reçoit du public a dépassé de beaucoup notre espérance*, et nous devons sur-

---

* Le *Code civil*, manuel complet de la politesse, du ton, des manières de la bonne compagnie, contenant les lois, règles, applications, et exemples de l'art de se présenter et de se conduire dans le monde. La

tout en faire honneur au défaut d'ouvrages du même genre, mis à la portée du jeune homme bien élevé et de l'étranger, désireux, avant de se présenter dans le monde, de se former une idée des usages, des singularités, des coutumes qui y règnent, et avec lesquels une expérience longuement, et parfois chèrement acquise, pourrait seule les familiariser.

Le *Code de la toilette*, que nous faisons paraître aujour-

huitième édition, revue et augmentée, est ornée de deux très-jolies gravures de Devéria.

d'hui, est la suite et l'indispensable complément du *Code civil*. Les enseignements que nous y avons consignés sont d'un intérêt plus direct, plus général, plus usuel; nous avons réuni tous nos efforts pour le rendre aussi intéressant, lorsque le sujet le rendait déjà plus utile : nous osons donc espérer qu'il sera reçu avec la même faveur que son aîné.

Un mot nous reste à dire sur le titre et le plan de cette série de petits volumes que nous avons entrepris de mettre au jour. — Donner le titre pompeux de *Code* à de légers in-18, avoir la prétention de dicter les lois de la gastronomie, de la politesse, de la toilette, de l'art épistolaire, n'est-ce pas présumer beaucoup de ses forces, et s'exposer à demeurer au-dessous de l'entreprise.

Il nous suffira de répondre en deux mots, à ces questions que la critique pourrait peut-être nous adresser d'un ton plus sévère : Nous ne sommes véritablement qu'éditeurs de ces petits livres; en regardant autour de soi, chacun en verra les auteurs. Historiographes fidèles de l'usage et de la mode, nous nous contentons d'enregistrer leurs arrêts, de promulguer leurs lois, et, comme tant d'autres, nous déclinons toute responsabilité personnelle.

H. R.

CODE DE LA TOILETTE.

CODE DE LA TOILETTE.

TITRE PREMIER.
Des Personnes.

CHAPITRE PREMIER.

DE LA BEAUTÉ.

ART. 1.

La beauté est le premier des biens; l'entretenir, la conserver, quand on en est doué, est en quelque sorte un devoir.

ART. 2.

La beauté est toute de convention, elle varie de caractère selon les lieux, les temps; mais elle entraîne toujours avec soi une idée de grâce et d'harmonie : aussi est-on naturellement prédisposé à penser qu'une belle personne possède un bon naturel et de précieuses qualités.

ART. 3.

C'est le propre d'un faible esprit, que de se prévaloir d'avantages que le hasard seul dispense. La bienveillance est un devoir d'autant plus impérieux que l'on jouit de plus de dons naturels.

ART. 4.

C'est à tort que l'on répète souvent, que la beauté peut se passer du secours de la toilette ; et messieurs les poètes vantent aussi trop légèrement les héroïnes parées de leurs seuls attraits. La beauté la plus parfaite reçoit un nouvel éclat de l'ordre, du soin qui règnent dans ses ajustements. On peut s'accoutumer à la laideur ; à la négligence, jamais.

ART. 5.

Au reste, la beauté a toujours

pour principe la jeunesse et la santé ; et la toilette bien entendue peut seule assurer l'une et prolonger l'autre.

CHAPITRE II.

DE LA PEAU.

ART. 1.

La blancheur et l'*animation* constituent la beauté de la peau. Rien ne saurait donner ce précieux avantage à celui qui ne l'a pas reçu de la nature; mais des soins hygiéniques constants, des procédés de toilette bien entendus, peuvent le suppléer, ou du moins le rendre durable.

ART. 2.

La peau est un espèce de miroir où viennent se réfléchir toutes les impressions intérieures : on ne saurait lui prodiguer trop de soins; la fraîcheur et le calme qui l'embellissent sont les indices d'une bonne santé et en même temps d'une bonne conscience.

ART. 3.

On discutera encore long-temps sur les mérites divers de la couleur brune ou blonde ; mais on demeurera toujours d'accord sur ce point, que la peau la plus blanche est la plus belle.

ART. 4.

La manie du fard est passée : une jolie personne n'a plus besoin de s'enluminer les joues pour paraître dans un salon ; et les hommes, tout en rendant justice à des traits animés, savent apprécier ce qu'une fraîche et douce pâleur donne à la physionomie d'expression touchante.

ART. 5.

Une des causes qui rendent principalement la peau terne et sans éclat, est la présence de petites pellicules, qui, produites par la végétation continuelle de l'épiderme, obstruent les pores et nuisent à la transpiration. Il faut, pour être à l'abri de cet inconvénient, avoir soin, avant de se laver le visage, de le frotter légèrement avec un morceau de flanelle fine. Après cette douce friction, on se lave dans une eau fraîche aromatisée de quelque spiritueux.

ART. 6.

Si l'action du froid, du soleil et du vent est contraire à la peau et lui fait perdre de sa souplesse et de son éclat, la proximité du feu lui est encore plus nuisible. On ne doit jamais s'approcher d'une cheminée où brille une flamme ardente, que muni d'un écran protecteur.

ART. 7.

On a coutume de consoler les personnes dont la peau est affligée d'*éphélides* ou *taches de rousseur*, en leur disant que ces taches importunes sont le partage des plus belles peaux. Il existe une foule de procédés pour les faire passer ; mais aucun n'est exempt d'inconvénient, et le parti le plus sage est de se résigner et de s'abstenir d'en faire l'essai.

ART. 8.

La peau, celle du visage surtout, est sujette à mille maladies ; une des plus communes est de prendre une teinte couperosée. En général, dès que l'on s'aperçoit que le teint d'une jeune personne reçoit quelque atteinte de cette affection, on la soumet à un régime sévère, on lui interdit surtout l'usage du vin. C'est une erreur. Un traitement général palliatif produit quelquefois d'heureux effets; mais l'eau pure en ce cas est contraire : essentiellement digestive et échauffante, elle augmente le mal. Une tisane rafraîchissante ou l'eau rougie sont seules sans inconvénients.

CHAPITRE III.

DES RIDES.

ART. 1.

En dépit de la déférence et des respects qui accueillent les rides, on s'efforce de repousser, autant que possible, les invasions de cet attribut de la vieillesse.

ART. 2.

Faibles et timides, ces ennemies de la beauté se glissent une à une au coin des yeux. La première est sans conséquence ; on fait peu attention à la seconde ; mais aussitôt que la troisième a paru, il n'y a plus à balancer : sous peine de ridicule, il faut prendre son parti et renoncer aux avantages et aux attributs de la jeunesse.

ART. 3.

On peut peut-être prévenir les rides par des soins assidus ; mais quand une fois elles se sont emparées de leur poste, il n'y a pas moyen de les en débusquer.

ART. 4.

Les rides sont de deux espèces. Les unes, filles des ans, parent plutôt qu'elles n'altèrent la physionomie où se réfléchit une conscience pure ; les autres, devançant l'âge, causées par de fortes, quelquefois de coupables émotions, ont quelque chose de hideux et de bas ; l'œil ne se trompe jamais à leurs différents aspects.

ART. 5.

La gaieté rajeunit, l'existence des gens aimables atteint à un terme plus reculé. Nous engageons donc nos lecteurs à se *dérider* le plus souvent possible.

CHAPITRE IV.

DE LA CHEVELURE.

ART. 1.

La chevelure, ornement et abri de la tête, exige des soins indispensables et quotidiens.

ART. 2.

Dès le saut du lit, il faut s'essuyer la tête avec un linge sec ou une flanelle ; on démêle ensuite ses cheveux, on les passe au peigne fin, puis on les brosse.

ART. 5.

Comme c'est chose fort disgracieuse que d'avoir dans les cheveux ce qu'on appelle des *épis*, la coiffure de nuit doit être l'objet d'une attention particulière. Il faut que la chevelure, sous le fichu de nuit, se trouve couchée dans son sens naturel.

ART. 4.

La pommade est à jamais bannie du cabinet de toilette. L'huile antique elle-même ne peut être employée sans inconvénient qu'en très-petite quantité, et deux ou trois fois par semaine seulement.

ART. 5.

Quant aux personnes qui ont le malheur d'avoir les cheveux roux, qu'elles se gardent bien de faire la sottise de les teindre. Elles peuvent se consoler en songeant à l'inconstance de la mode. Pendant dix siècles les cheveux roux n'ont-ils pas été réputés les plus beaux ? Qui a jamais eu l'idée de teindre Apollon ou Jésus-Christ ? Et puis Raphaël et le Titien ont immortalisé leurs belles maîtresses aux cheveux d'or, et il n'y a pas encore quarante ans que toutes les coiffures, à la cour de Marie-Antoinette, étaient couvertes de poudre rousse.

ART. 6.

Ne permettez, sous aucune espèce de prétexte, à un coiffeur de compromettre vos cheveux en les passant au fer rond.

ART. 7.

Une personne qui entend bien l'économie de sa coiffure, fait couper tous les quinze jours l'extrémité de ses cheveux. Cette opération les rafraîchit en leur donnant plus de force, de souplesse et de brillant.

ART. 8.

Les perruques sont chose trop

respectable pour que nous nous permettions d'en parler légèrement. Ne peut-on cependant sourire de la prétention de ces jeunes vieillards, qui cachent une forêt de cheveux gris sous une perruque adonisée ?

ART. 9.

Les classiques en amour attachent un haut prix à la boucle de cheveux octroyée par une belle dame : libre à eux de l'ériger en objet d'adoration; mais à ceux qui font parade de chaînes, de bracelets de cheveux, qui en chamarrent des bagues, des épingles ; on peut dire, bien bas, qu'ils ont perdu la trace du bon goût et de la mode, depuis l'institution de la Toison-d'or.

CHAPITRE V.

DES YEUX.

ART. 1.

Puisqu'il est convenu que l'œil est le miroir de l'ame, on doit surtout s'attacher à en entretenir la fraîcheur et la pureté.

ART. 2.

Toute espèce de lotion pharmaceutique est dangereuse pour les yeux. L'eau fraîche suffit pour les baigner chaque matin et chaque soir.

ART. 5.

La fatigue, les veilles, un travail assidu, l'abus des spectacles, un trop long sommeil, ternissent l'éclat de l'œil et le font paraître *cerné*. A cela il n'y a d'autre remède que le repos.

ART. 4.

Comme toute chose, la beauté pour les yeux est de convention ; on ne saurait trop méditer le mot de l'homme d'esprit qui répondit à une question indiscrète : « Les plus beaux yeux sont ceux qui nous regardent le plus favorablement. »

ART. 5.

Il y a une grande distinction à établir entre les mauvais et les vilains yeux. La débilité des uns n'est qu'une infirmité qui se pallie à l'aide de lunettes; mais les autres, obliques, durs ou faux, sont un indice trop certain d'insociabilité.

ART. 6.

La beauté de l'œil tient à sa pureté, à sa finesse, à son expression naturelle. L'affectation fait perdre tout leur charme aux plus beaux yeux du monde. On doit toujours envisager franchement son interlocuteur ; rien n'est déplaisant comme la mignardise dans le regard.

CHAPITRE VI.

DE L'OREILLE.

—

§ ART. 1. §

« L'oreille est le chemin du cœur, » selon madame Des Houlières : on ne saurait donc blâmer les femmes qui, de tout temps, se sont appliquées à embellir cette partie si intéressante de leurs charmes, en la chargeant d'ornements gracieux.

§ ART. 2. §

Lavater a tiré une foule d'inductions, toutes fort ingénieuses, de la forme de l'oreille. Malheureusement, depuis Lavater, on coiffe les enfants de ridicules bonnets dont le moindre inconvénient est, en déformant l'oreille, de donner démenti sur démenti à un bon système physiognomonique.

ART. 3.

Quand on se lève, le premier soin qu'exige l'oreille est de passer entre elle et la tête un linge sec, afin d'enlever l'humidité produite par la transpiration nocturne. Répercutée, cette humidité, se reportant sur les maxillaires, occasionerait d'intolérables douleurs.

ART. 4.

L'oreille ne se contente pas d'un soin superficiel. Il faut, après l'avoir lavée, en essuyer exactement tous les contours.

ART. 5.

Le cure-oreille doit être d'écaille, d'ivoire ou d'argent. Il faut se servir avec une extrême précaution de ce petit instrument, pour ne pas blesser la membrane délicate du tambour.

ART. 6.

On rencontre encore parfois de fort honnêtes gens qui portent des boucles d'oreilles ; d'autres qui, dans la crainte sans doute d'entendre trop clairement, se bouchent le tympan avec du coton. Il faut les ranger dans *les classes ;* en effet, il y a soixante ans que l'on est revenu de cette erreur de croire que les boucles d'oreilles éclaircissent la vue ; et lorsqu'un malhabile docteur fait calfeutrer les oreilles de son client patient, qu'il ait du moins le soin de lui recommander le huis clos.

CHAPITRE VII.

DU NEZ.

ART. 1.

« Comme le nez au milieu du visage. » Cette expression, proverbiale pour désigner un objet en évidence et qui ne peut échapper aux regards, atteste assez de quels soins hygiéniques le nez doit être l'objet.

ART. 2.

Organe de l'odorat, le nez est

une source de vives jouissances ; ce n'est qu'en l'entretenant dans un état constant de propreté que l'on peut acquérir et conserver l'exquise finesse de perception dont il est doué.

ART. 3.

Le matin en se levant, et le soir en se couchant, il faut aspirer fortement quelques gouttes d'eau fraîche que l'on rejette aussitôt; les preneurs de tabac ne sauraient renouveler trop souvent dans la journée cette utile ablution.

ART. 4.

Il est fort dangereux d'épiler l'intérieur des narines, on risque ainsi de donner naissance à des polypes; il suffit d'ailleurs de se servir, pour enlever les poils qui y croissent, de ciseaux très-fins et recourbés.

ART. 5.

Les lunettes font partie essentielle de la toilette des nez; recommandons donc, en passant, à la classe respectable des myopes, de ne jamais porter que des lunettes d'écaille : le poids de celles d'or et d'argent détermine presque toujours, à la naissance du nez, la croissance d'un bouton qui finit par se transformer en une verrue qu'il devient impossible de faire disparaître.

CHAPITRE VIII.

DE LA BOUCHE.

ART. 1.

La bouche est de tous nos traits le plus expressif et le plus gracieux; autour d'elle se jouent la gaieté, le caprice, la bouderie, l'enjouement; et si les yeux sont le miroir de l'ame, la bouche est l'interprète du cœur.

ART. 2.

La beauté de la bouche dépend

de son rapport avec les autres traits du visage; une trop petite bouche est peut-être plus désagréable qu'une trop grande, en ce qu'elle grimace davantage.

ART. 3.

Si l'on ne peut corriger la forme imparfaite de la bouche, il faut du moins s'appliquer à ne pas l'enlaidir par la mignardise et l'affectation. Dans l'art d'aimer, Ovide enseigne l'art de rire avec grâce; il faut avant tout rire avec naturel.

ART. 4.

Les passions influent immédiatement sur la physionomie des lèvres : la colère les pâlit, l'indignation les gonfle, le dépit les comprime, la bienveillance les arrondit, le plaisir les colore et l'amour les épanouit; aussi une bouche pure et gracieuse a-t-elle un charme indéfinissable.

ART. 5.

C'est une erreur que de croire qu'en passant incessamment sa langue sur les lèvres, on en augmente la fraîcheur et l'éclat; cette anti-précaution les fane et les couvre de gerçures.

ART. 6.

Que les femmes, les jolies femmes

surtout, qui ont contracté l'habitude de se mordre les lèvres dans des moments d'impatience, de bouderie ou de contrariété, se rappellent constamment que la célèbre madame de Pompadour perdit la beauté de sa bouche et la faveur de son royal amant, par suite de cette funeste manie.

CHAPITRE IX.

DES DENTS.

ART. 1.

Les dents, aussi essentielles à la santé qu'à la beauté, ornements de la bouche et instruments de la mastication, réclament nos soins le matin dès l'instant du lever, et le soir avant que nous nous mettions au lit.

ART. 2.

La brosse à dents doit être fine

et douce, il est important d'en diriger les frottements dans le sens vertical.

ART. 3.

On ne saurait trop être en garde contre les fastueuses annonces d'opiats, de trésors de la bouche, d'élixirs, d'eaux balsamiques; le simple charbon, en poudre impalpable, est préférable à tout cet attirail menteur du charlatanisme.

ART. 4.

Il faut le plus rarement possible avoir recours à la main du dentiste; lorsque d'intolérables douleurs ou quelque grave accident nécessitent son secours, qu'on choisisse au moins un homme d'un talent reconnu, et que l'on ait à la mémoire le proverbe : « menteur comme un arracheur de dents. »

ART. 5.

Mais enfin l'âge vient! les dents tombent! Les progrès de la mécanique et de la chimie nous mettent à même de réparer leur perte ; les Dubois, les Fonzi, les Laveran tiennent boutique ouverte de fausses dents éblouissantes de blancheur, et il est impossible à l'œil le plus exercé de reconnaître l'innocente fraude qui les accouple aux véritables.

ART. 6.

En fait de cure-dents, les plus simples, ceux de plume, sont les meilleurs ; leur flexibilité doit les faire préferer à l'or, à l'ivoire, et même au bois de Sandal.

ART. 7.

Une belle denture a quelque chose de séduisant et d'aimable : en général, elle atteste une bonne santé, un caractère facile et l'absence des grandes passions. Aussi avons-nous constamment remarqué que les gens qui déchirent leur prochain *à belles dents,* en ont de vilaines.

CHAPITRE X.

DE LA BARBE.

ART. 1.

Les soins qu'exige la barbe, attribut de la virilité, sont une des parties les plus essentielles de la toilette.

ART. 2.

Beaucoup de personnes se font la barbe tous les matins; quelques dandys poussent même la précaution jusqu'à se raser deux fois par jour. Il y a là excès de soin et défaut de calcul : d'abord le rasoir fatigue et érafle la peau ; en outre, la barbe pousse avec d'autant plus de promptitude qu'on la coupe plus souvent. Il faut de bonne heure s'habituer à ne se raser que tous les deux jours.

ART. 3.

La main banale d'un barbier ne doit jamais s'approcher de la figure d'un homme comme il faut ; eût-on pour barbier l'alègre et sémillant Figaro, ce serait encore chose déplaisante que ce contact immédiat qu'il n'y a pas moyen d'éviter.

ART. 4.

Les favoris, mode sans grâce et sans utilité, changent si souvent de forme que nous n'en saurions trop que dire; prévenons cependant nos lecteurs contre ce préjugé, de croire que la cour et la ville ont adopté les favoris dits *à la guiche*. Empruntée aux hommes de peine, cette mode n'a eu qu'un instant de vogue; elle est maintenant reléguée aux antichambres d'où elle n'eût jamais dû sortir.

ART. 5.

Quant aux dames que la capricieuse nature a affligées d'une barbe noire qui dépare leur joli menton, qu'elles se gardent bien de le raser, le remède serait pire que le mal : un dépilatoire, préparé par un habile chimiste, ou mieux encore de petites pinces d'acier artistement mises en œuvre, peuvent seuls les débarrasser sans danger de cet ornement incommode.

CHAPITRE XL

DU CORPS.

ART. 1.

L'élégance, la légèreté la souplesse de la taille, sont une des qualités essentielles de la beauté; la manière de s'habiller concourt beaucoup à faire valoir ces avantages lorsqu'on les possède, et à les simuler lorsqu'on en est privé.

ART. 2.

Si la finesse et l'expression sont

tout entières dans les traits du visage, la grâce dans les bras, l'aplomb et la légèreté dans les jambes, c'est dans la taille que l'on trouve la noblesse, la force, la tournure en un mot : c'est le buste qui donne de l'ensemble au mouvement ; il est aussi le centre où toutes les parties de la toilette viennent se réunir.

ART. 3.

Un vêtement qui embrasse et serre exactement la taille et les hanches est à la fois élégant et salutaire, le corset chez les dames, la ceinture du pantalon chez les hommes, doivent être l'objet d'une attention toute particulière.

ART. 4.

La raideur, mortelle à la grâce, est souvent causée par l'excessive justesse des vêtements. C'est à la taille, au-dessus des hanches seulement, qu'il est convenable d'être serré. La poitrine, les entournures, l'estomac, ont besoin d'être dégagées d'entraves.

ART. 5.

Les dames placent ordinairement devant leur corset un busc d'acier. Le docteur Pelletan fils, après diverses expériences faites dans l'intérêt de l'hygiène et de la toilette, a acquis la preuve que l'usage de ces buscs est fort dangereux. Ils rassemblent l'électricité sur la poitrine, et peuvent déterminer une irritation interne dans cette partie et dans l'estomac.

ART. 6.

Quelques dandys ont tenté d'introduire la mode des poitrines et des hanches rembourrées ; le bon goût et le bon sens ont rejeté cette innovation. En général, toute espèce de forme postiche donne une gaucherie à laquelle la maigreur est cent fois préférable.

CHAPITRE XII.

DES BRAS.

ART. 1.

Les bras, dont la beauté a tant d'attrait chez les femmes, sont chez les hommes un des premiers éléments de la grâce et de la tournure.

ART. 2.

Il est nécessaire le matin de se laver les bras à l'eau tiède, de les frotter vivement et de les agiter ensuite en sens divers, pour en entretenir la force et la souplesse.

ART. 3.

Il n'y a pas de règles à indiquer pour la tenue des bras. Un laisser-aller naturel, un doux abandon, leur donnent seuls de la grâce. Le bras doit suivre toutes les oscillations de la marche, sans cependant paraître vacillant et agité.

ART. 4.

C'est en dansant surtout qu'il est important de prêter quelque grâce à la tenue des bras. Les maîtres de danse, la plus sotte espèce parmi celles qui s'agitent dans les grandes villes, enseignent à les tenir raides

─{ 75 }─

et compassés. C'est au bal surtout qu'il faut du naturel. Les mouvements d'un homme comme il faut ont toujours de l'élégance, lorsque l'affectation ou la timidité ne les gênent pas.

CHAPITRE XIII.

DES MAINS ET DES ONGLES.

ART. 1.

La main, toujours en évidence, exige d'autant plus de soins, qu'aucune autre partie du corps n'est susceptible de s'embellir aussi bien par les seules ressources de la toilette. Pourvu que la forme de la main ne soit pas essentiellement disgracieuse, il est facile, à force d'art et d'attention, de lui donner de l'élégance, de la blancheur et de la grâce.

2

Lavater prétend que « l'expression de la main ne saurait être méconnue ; qu'elle indique nos dispositions naturelles, nos actions et nos passions. » Selon lui, il y a des mains spirituelles, sottes, engourdies. Comment, après cela, oserait-on taxer de coquetterie la recherche appliquée à la toilette de la main.

5

Comme rien n'est plus désagréable à l'œil qu'une main rouge, il faut avoir grand soin de ne jamais porter de manches trop étroites aux entournures ni aux poignets.

ART. 4.

Il n'est plus permis aujourd'hui aux jeunes gens de porter qu'un large anneau d'or anglais au petit doigt, et aux hommes d'un âge mûr qu'un solitaire d'une grosseur respectable. Quant aux dames, elles ont tort de pousser jusqu'à l'excès la manie des bagues. C'est chose si douce et si jolie qu'une main fine et délicate, qu'il y a faux calcul à en cacher la moitié sous un échelonnage de bijoux.

ART. 5.

Les ongles ont, depuis quelques

années, subi vingt fois les caprices de la mode. Aujourd'hui on les taille en amandes, les doigts en paraissent plus effilés. Il y a cependant encore des hommes qui, blâmant cette mode importée d'outre-mer, se rangent du parti d'Elmire,

Et ne sont pas du tout pour ces prudes sauvages,
Dont l'honneur est armé de griffes...

Tartufe, acte IV, scène 5.

ART. 6.

Rien n'est plus dangereux que d'arracher les pellicules, nommées *envies*, qui parfois croissent près de l'ongle. Il suffit de les couper avec des ciseaux fins.

ART. 7.

C'est une galanterie fort aimable, quoiqu'un peu gothique, que de baiser la main aux dames. Il y a dans cet usage quelque chose de respectueux qui devrait le remettre en vogue dans nos salons.

CHAPITRE XIV.

DE LA MAIGREUR.

ART. 1.

L'excessive maigreur est en général considérée comme l'indice d'une mauvaise constitution. Cette erreur populaire est très-fâcheuse pour certaines personnes fort maigres qui n'en jouissent pas moins d'une excellente santé. Que de grâces aussi ne doivent-elles pas rendre à la toilette qui leur permet de réparer, ou du moins de dissimuler l'idéalité de leurs formes.

ART. 2.

Le pantalon, invention sublime de quelque petit-maître étique, a été adopté d'abord par toutes les jambes à succès. Plus tard la mode en est devenue générale, et personne ne s'en peut plaindre, car si ce vêtement n'est pas d'une rare élégance, il est du moins d'une grande commodité.

ART. 5.

Les manches à gigots qui donnent de l'ampleur à une poitrine rétrécie, les habits garnis, les doubles gilets, les mouchoirs empesés, les pierrots, les alpaga, tous ces objets inventés pour dissimuler la maigreur, et adoptés par la mode, ne manquent certainement pas d'agrément, et ne seront pas de long-temps remplacés par des vêtements justes; trop de réputations d'emprunt y perdraient.

ART. 4.

Les tailleurs, les couturières regardent les personnes maigres comme leurs meilleures pratiques. D'abord ils en tirent un excellent parti : où la nature a tout laissé à faire, le génie peut se donner carrière; puis il y a toujours plus de laisser-aller, de flexibilité, de tournure enfin, chez un individu faible que chez un Hercule.

ART. 5.

Que de charmantes dames cependant se mettent à la torture pour acquérir de l'embonpoint. Les unes ne se nourrissent que de potages féculents, d'autres mangent des quantités de mie de pain à les indigérer dix fois ; quelques-unes restent couchées une partie du jour ; quant au résultat qu'amènent ces prétendus remèdes? néant. Conservez plutôt précieusement votre maigreur, belles dames, et consolez-vous-en par la finesse de votre taille, la légèreté de votre marche, l'ampleur de vos robes et l'élasticité de l'empois.

CHAPITRE XV.

DE L'OBÉSITÉ.

ART. 1.

L'excès d'embonpoint est une véritable infirmité, et les soins qui le peuvent combattre appartiennent plutôt au domaine de la médecine qu'à celui de la toilette. Il est cependant quelques précautions capables sinon d'arrêter, du moins de diminuer les progrès de l'obésité.

ART. 2.

Le premier soin d'un obèse, après sa toilette faite et parfaite, est de se ceindre d'une espèce de corset élastique; fait par une main habile, ce corset, sans comprimer les viscères, et sans gêner aucune des fonctions de l'économie, soutient le ventre et diminue l'ampleur de la taille.

ART. 3.

Les bains tièdes sont plus fréquemment nécessaires à un obèse qu'à tout autre individu. Il doit aussi changer plus souvent de linge.

ART. 4.

Assez communément les personnes chargées d'embonpoint, s'imaginent que des vêtements étroits les font paraître plus minces. Il en est tout différemment. Un obèse doit porter des habits très-amples, c'est la seule manière de diminuer un peu son opacité.

ART. 5.

Le spirituel et savant auteur de la *Physiologie du goût* a tracé une espèce d'hygiène curative de l'obésité. Le régime qu'il indique est assez peu agréable à suivre ; nous engageons cependant tous ceux qu'afflige cette maladie à s'y soumettre, dans l'intérêt du voisinage, à table, au spectacle, en voiture publique, etc., etc.

CHAPITRE XVI.

DE LA TRANSPIRATION.

ART. 1.

Les phénomènes de la transpiration sont fort curieux; mais comme nous ne faisons pas ici un livre de science, nous renverrons, pour la description, les lecteurs curieux à leur médecin consultant.

ART. 2.

La transpiration a deux effets également désagréables : le premier de pénétrer les vêtements et d'en altérer les couleurs; le second d'exhaler une odeur parfois nauséabonde. Tout l'art de la toilette est insuffisant pour combattre ces deux résultats. Les gilets de flanelle, qui absorbent la transpiration, ne peuvent convenir aux deux sexes, et la ressource du taffetas gommé placé en dessous des étoffes ne procure aucun avantage.

ART. 3.

L'excessive propreté, les soins quotidiens de toilette peuvent seuls combattre les désagréments de la transpiration. Il faut toutefois bien se garder de chercher à les masquer à force d'odeurs ou d'essences. Rien n'est de plus mauvais goût que l'usage des parfums.

ART. 4.

Une transpiration arrêtée est extrêmement dangereuse. A la sortie du bal, du spectacle, il faut avoir grand soin de se maintenir dans un état salutaire de moiteur; la transition subite du chaud au froid est la source d'une infinité de maladies.

ART. 5.

On regarde souvent, et à tort, l'état habituel de transpiration comme un signe de faiblesse. Cette déperdition est naturelle, et nécessaire à la vie autant que la respiration ; comme elle, elle est continuelle et exige des soins de tous les moments ; mais c'est surtout au sortir du lit, au moment d'entrer au bain, lorsqu'on se repose après une longue marche, qu'il faut soigneusement éviter de la supprimer brusquement.

TITRE DEUXIÈME.

Des Choses.

CHAPITRE PREMIER.

DU LOGEMENT.

ART. 1.

Le logement, comme la toilette, fait en quelque sorte partie de la personne : l'ordre, la grâce, la netteté doivent y régner, pour donner dès l'antichambre une idée favorable du caractère et des habitudes de celui qui l'habite.

ART. 2.

Il est impossible que l'appartement d'un sot ressemble à celui d'un homme d'esprit : on peut y rencontrer de la richesse, de la profusion ; jamais on n'y trouvera ce qui seul lui donnerait du prix, l'élégance et la simplicité unies au *comfortable*.

ART. 3.

Il est important qu'une chambre à coucher soit élevée, spacieuse, que ses fenêtres ouvrent de l'est à l'ouest. Ces fenêtres doivent être exactement fermées la nuit, quel que soit le degré de chaleur de l'atmosphère. Il suffit, pour renouveler l'air et entretenir une fraîcheur salutaire, d'ouvrir de très-grand matin, et de laisser pénétrer les premiers rayons du soleil.

ART. 4.

Rien n'est plus contraire aux règles d'une sage hygiène, que l'usage de ces amples rideaux qui font ressembler nos lits à des palanquins. Lorsque la disposition de la chambre à coucher nécessite l'emploi de rideaux, il faut du moins les draper de manière à pouvoir les relever la nuit, afin de ne pas respirer cent fois le même air.

ART. 5.

Nos voisins, les Anglais, ont l'excellente coutume de garnir de tapis tous les parquets d'un appartement. Rien ne meuble davantage, et ne maintient aussi également la chaleur. Les progrès de nos manufactures ont d'ailleurs mis ces riches produits de l'industrie à la portée de toutes les fortunes, et l'on ne saurait se dispenser d'en faire usage en hiver.

ART. 6.

Le cabinet de toilette doit toujours être attenant à la chambre à coucher. Par une sage précaution, on en recouvre le tapis d'une toile cirée, aux endroits où se placent les divers petits meubles de toilette, afin d'éviter les taches que l'eau pourrait faire.

ART. 7.

Nous ne saurions trop recommander l'usage des porte-manteaux. Un habit serré dans une commode, ou sur les rayons d'une armoire, contracte inévitablement de faux plis. Au porte-manteau, il conserve sa tournure et sa fraîcheur.

ART. 8.

Il est un meuble que l'on rencontre trop rarement dans la chambre à coucher de nos jeunes gens à la mode, et dont on ne saurait cependant trop apprécier les avantages. C'est le *fauteuil à lire*. Successeur du divan parasite, de la féodale bergère, de l'incommode causeuse, le fauteuil à lire, dont le siége est élevé seulement d'un pied, dont le dos, garni de larges oreilles, se renverse en arrière, est le plus commode de tous les meubles de repos. Que l'on veuille lire, réfléchir ou sommeiller, il offre d'inappréciables avantages; par sa disposition, il facilite la digestion ; puis sa présence dans une chambre à coucher donne à penser que le maître du logis est un homme studieux, et cette dernière considération ne gâte certainement rien à ses autres mérites.

CHAPITRE II.

DE LA MISE.

ART. 1.

La mise est la convenance, l'harmonie entre les diverses parties du vêtement.

ART. 2.

Il y a des gens qui, avec tous les éléments d'une excellente toilette, viennent à bout de s'habiller fort mal. Ils ont Staub pour tailleur, Bandoni pour chapelier, Hasley pour bottier; madame Fréderic est leur lingère, Walker les gante, Nagèle leur vend des bijoux : ils ont tout, hors une chose, une seule, que la fortune ne donne pas, l'art de se mettre.

ART. 5.

Le spirituel crayon d'Henri Monnier ne fera-t-il pas justice quelque jour de ces élégants qui portent un habit noir sur un pantalon chamois; qui mettent une cravate blanche avec une chemise de la veille, une redingote à la propriétaire et un pantalon d'été? Ne nous fera-t-il pas rire aux dépens de ceux qu'on rencontre en costume de cérémonie, avec un gros rotin à la main ; et des chapeaux gris en automne, et des bas blancs avec des pantalons foncés? Ces petits travers sont certes fort innocents : Lavater cependant en eût tiré de très-défavorables inductions sur l'esprit de ceux qui se les donnent, faute d'observer comment se mettent les gens qui les entourent.

ART. 4.

La province est à juste titre renommée pour son mauvais goût en fait de toilette; mais à qui en est la faute? à nos marchands parisiens d'abord, qui n'expédient dans les départements que des objets de rebut dont la mode est la plupart du temps passée, puis aux divers journaux des modes, recueils ridicules où l'affectation du style est encore dépassée par l'afféterie des gravures.

ART. 5.

On confond trop souvent le luxe et la richesse avec l'élégance. A mérite égal, c'est-à-dire s'il y a des deux côtés beauté, jeunesse et tournure, une personne bien mise l'emportera toujours sur une personne richement vêtue.

CHAPITRE III.

DU LINGE.

ART. 1.

La beauté du linge est la première condition de la toilette : sa finesse et sa blancheur font ressortir l'élégance de la mise, et même au besoin en tiennent lieu.

ART. 2.

C'est chose difficile, que de composer parfaitement une garde-robe d'homme en linge. En trop grande quantité, il jaunit et passe de mode; dans le cas contraire, il s'use par ses trop fréquents voyages chez la blanchisseuse : voici en général l'inventaire de la commode d'un jeune homme comme il faut :

ART. 3.

Trois douzaines de chemises, dont une douzaine en toile d'Hollande ou en batiste, une douzaine en toile, pour coucher, et une douzaine en percale ou jaconas pour l'été. Notons ici que le classique jabot est à jamais banni, et ne s'agite plus que sur les respectables poitrines des grands-parents.

Trois douzaines de cravates, dont

une douzaine de fantaisie ; six douzaines de faux cols.

Six douzaines de mouchoirs, ainsi composées : quatre douzaines en batiste, une en foulards, et une en madras pour la tête.

Les pantalons d'été, les gilets de piqué blanc et de fantaisie doivent être plus choisis que nombreux, et toujours au courant de la mode.

Quant aux bas, aux caleçons, etc., il n'y a nul inconvénient à en avoir un grand nombre.

ART. 4.

Il est fort important, lorsque l'on a de beau linge, d'avoir aussi une bonne blanchisseuse : malheureusement rien n'est plus rare à Paris; ces dames, quoique très-polies, y sont fort peu honnêtes.

ART. 5.

Aussitôt que la blanchisseuse a rapporté le linge, il faut prendre la peine de le serrer soi-même avec ordre et méthode. C'est quelque chose de si disgracieux qu'un faux pli, qu'on ne doit pas laisser l'occasion d'en faire à quelque domestique maladroit.

ART. 6.

La racine d'iris de Florence, placée dans les tiroirs où l'on renferme le linge, lui communique une odeur suave et fraîche ; elle a en outre la propriété d'éloigner les insectes. On doit la préférer à tous les sachets balsamiques.

ART. 7.

Nous rangerons les gilets de flanelle dans la catégorie du linge de corps. Leur usage facilite la transpiration dont ils absorbent les produits. Il est nécessaire d'en changer une fois par semaine au moins. Ces gilets ont besoin d'être mis à la lessive ; un blanchissage superficiel serait insuffisant pour enlever les matières dont ils s'impreignent, et dont la résorption entraînerait de graves inconvénients.

CHAPITRE IV.

DE L'HABIT ET DE LA REDINGOTE.

ART 1.

« Les membres doivent être au « large dans leurs vêtements ; rien « ne doit gêner leurs mouvements, « rien de trop juste, rien qui colle « au corps, point de ligatures. » Que dirait Jean-Jacques, qui a écrit ces lignes, s'il voyait nos costumes à la mode ; certes, il ne serait pas tenté de jeter aux orties sa robe et sa coiffe d'Arménien.

ART. 2.

La coupe et la couleur des habits ont très-peu varié depuis quelques années ; le noir est toujours exclusivement admis comme costume de cérémonie, mais on porte généralement les couleurs de fantaisie dans toutes les autres circonstances.

ART. 3.

Quoiqu'il n'y ait plus de marques distinctives dans les divers costumes, il existe toujours une sorte de nuance, une légère ligne de démarcation, qui indique à l'œil exercé l'âge, la fortune, la profession. Les tailleurs de Paris savent saisir et conserver avec une rare habileté ces imperceptibles différences. Le légiste, le propriétaire, le médecin, le rentier et le dandy, habillés par le même tailleur, avec la même pièce de drap, coupé sur les mêmes patrons, ont chacun un costume différent.

ART. 4.

La nuance et la qualité plus ou moins légère du drap distinguent seules les habits d'été de ceux d'hiver; ces premiers doivent toutefois être un peu plus larges de l'encolure et des manches.

ART. 5.

Le point important dans la façon d'un habit, ce qui lui donne de la tournure, c'est la taille : il faut que les épaules soient exactement serrées, que la hanche se trouve emboîtée par le pan. En général, un homme comme il faut ne doit avoir aucune indulgence pour les fautes que peut commettre son tailleur : un habit manqué du premier coup ne va jamais bien ; il serait inutile de le faire retoucher ; on doit le rendre et en commander un autre.

ART. 6.

La redingote (en anglais *reading*

coat, habit de cheval) ne se devrait porter qu'en grand négligé ; ce vêtement cependant est tellement commode, que l'usage a presque prévalu maintenant de le conserver une grande partie de la journée, et même le soir, lorsque l'on dîne chez le traiteur et que l'on va seul au spectacle.

ART. 7.

La redingote d'étoffe, que quelques personnes portent l'été, n'est guère de mise qu'à la campagne ; on la voit rarement portée par un élégant.

ART. 8.

Nous ne parlerons pas ici des manteaux ; chacun les commande d'après son goût. Le drap, le bouracan, la popeline, se disputent chaque hiver les faveurs de la mode, qui jusqu'à ce jour est restée indécise ; le collet des manteaux d'étoffes sèches, comme plaids, etc., est en pluche rouge ; celui des manteaux de drap est garni d'une riche fourrure.

ART. 9.

En règle générale, il y a économie à payer cher ses habits, quand on ne les paie que ce qu'ils valent. Les draps de belle qualité sont seuls durables, et se prêtent beaucoup mieux que les draps communs au génie du tailleur.

CHAPITRE V.

DES CULOTTES ET PANTALONS.

ART. 1.

La mode de la culotte, que depuis quelques années on tente vainement d'abolir, se maintiendra sans doute long-temps encore dans la bonne compagnie; elle est en effet bien plus élégante, bien plus convenable que celle du pantalon que l'on veut lui substituer; aussi, même en costume militaire, la culotte est aujourd'hui seule admise en grande tenue de réception ou de bal.

ART. 2.

Avec le frac on ne peut porter que la culotte noire de casimir et la boucle de jarretière d'or unie, le bas de soie très-fin à longs coins à jour, le chausson serré par un simple cordon ; les boucles de souliers sont à jamais reléguées à l'antichambre.

ART. 3.

Les pantalons sont un vêtement aussi favorable au maintien de la santé, que commode et élégant en petite tenue ; pour avoir de la grâce, toutefois, ils ne doivent être ni trop amples ni trop étroits, et descendre seulement jusqu'à la cheville.

ART. 4.

On regarde le pantalon comme la pierre de touche du tailleur, depuis surtout que la mode toute militaire des dessous de pied est venue ajouter à sa confection de nouvelles difficultés.

ART. 5.

Quelques très-jeunes gens s'obstinent à paraître au bal en pantalon; ils devraient s'apercevoir, cependant, que dans un salon les danseurs en culotte ont seuls l'air d'être habillés. Nous savons fort bien que le pantalon est la ressource de ces jambes timides qui n'osent se produire au grand jour; mais un peu de mauvaise honte est bientôt passée : il faut se conformer, dans la première jeunesse surtout, aux usages reçus, et d'ailleurs les boutiques de bonnetiers offrent de très-consolantes ressources aux partisans du pantalon.

CHAPITRE VI.

DE LA CHAUSSURE.

ART. 1.

Une chaussure bien faite rend la marche légère et facile, elle ajoute aux grâces d'une bonne tournure, et indique l'habitude des soins de la toilette et de la propreté.

ART. 2.

La mode exige dans ce moment que l'on porte une chaussure carrée par le bout; souhaitons que cette coutume salutaire se maintienne, car le pied souffre dans ces chaussures pointues qui ressemblent à un étau.

ART. 3.

Les dames devraient toujours porter des souliers couverts et un peu plus longs que le pied : rien ne lui prête plus d'avantage et ne soutient aussi bien ses mouvements. En général, nos élégantes se mettent le pied à la torture pour le faire paraître petit ; quand se persuaderont-elles bien qu'un trop petit pied est une difformité, et que c'est l'accord parfait entre toutes les parties du corps qui seul constitue la beauté de chacune.

ART. 4.

La mode des guêtres, quoique renouvelée des Grecs, nous semble fort bonne : moins lourdes que les bottes, elles font ressortir la finesse de la jambe et en affermissent le mouvement ; elles préservent aussi le pied de l'humidité, de la poussière, et le font paraître plus élégant. On pourrait en faire un usage plus général ; un temps viendra où on les substituera aux bottes, chaussure gênante, lourde et d'assez mauvais goût.

ART. 5.

Les brodequins, la seule mode

raisonnable que nos dames aient empruntée aux Anglaises, sont une chaussure élégante et commode : les robes écourtées, que l'on porte à présent, en font apprécier tout l'agrément ; et l'hiver, en maintenant le pied dans une douce chaleur et en le garantissant de l'humidité, ils remplaceront les socques, à qui leur utilité n'a pu faire pardonner d'être si disgracieux et si fragiles.

ART. 6.

Il faudrait un livre entier pour décrire les bottes fortes, molles, à revers, russes, etc., etc.; en somme la chaussure doit être élégamment proportionnée au pied, et il est indispensable qu'elle soit entretenue avec la propreté la plus recherchée.

CHAPITRE VII.

DU CHAPEAU ET DES GANTS.

ART. 1.

Sans être tout-à-fait de l'avis du proverbe, et sans prononcer « qu'un homme bien coiffé et bien chaussé soit bien mis, » la mode attache beaucoup d'importance à la beauté et à l'élégance du chapeau. S'il ne dispense d'aucune autre partie de la toilette, il faut convenir qu'il est une des plus essentielles.

ART. 2.

Rien de plus inconstant que la forme des chapeaux ; elle change régulièrement quatre ou cinq fois par an. Avant toutefois d'adopter celle que quelque élégant en renom, ou quelque chapelier novateur tente de mettre on vogue, on doit s'assurer qu'elle sied à l'air de la figure : sinon, on attend une mode nouvelle. D'un bal de l'Opéra à l'autre, les bolivards ont détrôné les morillos.

ART. 3.

On ne peut avoir moins de trois chapeaux : un gris pour la campagne, et deux noirs dont un en claque pour le bal. Le chapeau qui pèserait plus de six onces serait pour la tête un fardeau plutôt qu'une coiffure.

ART. 4.

L'usage veut aujourd'hui que dans une soirée priée, un *raoût* ou un bal, on ne dépose pas son chapeau. Cette méthode présente divers avantages ; d'abord le claque, que l'on tient à la main, donne une contenance : on s'en esquive plus inaperçu . Puis on n'a pas le désagrément d'entendre des réponses comme celle que fit certain valet de M. de Villèle à un député qui, en se retirant, demandait son chapeau neuf : « Des chapeaux neufs, monsieur ! depuis minuit il n'y en a plus.

ART. 5.

C'est une mode fort sage que celle des gants. Ils entretiennent la beauté de la main, et la défendent contre les injures de l'air et la piqûre des insectes. Même en négligé, on ne peut se dispenser de porter des gants.

ART. 6.

Un élégant se gante suivant la saison. Il adopte en général, pour l'hiver, la peau de castor, au printemps la peau de chevreau; en été il peut porter des gants de batiste écrue. En tenue de bal on n'admet que les gants glacés : les gants blancs sont réservés aux mariés et aux parrains.

ART. 7.

Il existe plusieurs procédés pour nettoyer les gants. Lorsqu'ils ne sont que légèrement altérés, on peut leur rendre leur fraîcheur en les frottant, s'ils ne sont pas glacés, avec de la mie de pain ; s'ils sont glacés, avec de la gomme élastique.

CHAPITRE VIII.

DES VÊTEMENTS DE NUIT.

ART. 1.

Avant de se mettre au lit, il est indispensable de changer de linge ; négliger cette précaution c'est s'exposer à de graves conséquences. Le linge que l'on a porté tout le jour est saturé des produits de la transpiration ; si on le garde la nuit, la résorption de ces produits s'opère, et donne naissance à des incommodités d'abord, et plus tard à des maladies.

ART. 2.

La tête doit être légèrement couverte : un mouchoir de madras, ou un bonnet de toile de lin, l'entretiennent dans une douce chaleur, sans provoquer la transpiration.

ART. 3.

Dès son lever il faut quitter le linge de nuit, et avoir soin de l'exposer à l'action de l'air, ainsi que le lit que l'on découvre, afin que les émanations des sécrétions nocturnes puissent s'évaporer, et ne soient pas résorbées la nuit suivante.

ART. 4.

Lorsqu'on ne s'est pas fait une longue habitude de porter constamment les gilets de flanelle, il est bon de les quitter en se couchant. Dans ce cas, la chemise de nuit doit être d'étoffe de coton.

ART. 5.

Quelques personnes portent la nuit une espèce de cravate. D'autres, lorsqu'elles sont affectées d'un mal de gorge, s'entortillent le cou d'un morceau de flanelle. Un tel usage est dangereux, le cou doit être, durant le sommeil, dégagé de toute ligature. Point central de nos plus précieux organes, le cou souffre déjà assez d'être, pendant le jour, emprisonné par la mode dans un carcan d'empois.

CHAPITRE IX.

DES BROSSES.

ART. 1,

Un homme soigneux doit se servir pour l'entretien de ses vêtements de quatre espèces de brosses, et ne jamais permettre que l'une empiète sur les attributions des autres.

ART. 2.

La première brosse, dure dans son élasticité, enlève jusqu'aux traces de la crotte ; elle sert par conséquent plus spécialement aux pantalons.

ART. 3.

La seconde, à poils longs, souples, bien fournis, dégage et attire la poussière, sans élimer le drap ni lui ôter son lustre.

ART. 4.

La troisième enfin, destinée uniquement à l'usage des chapeaux, a les poils très-longs, doux et serrés. Elle chasse la poussière, et entretient le chapeau dans sa fraîcheur et son brillant.

ART. 5.

La quatrième brosse garnie, au lieu de crins, de racines de chiendent, ne s'emploie que pour le velours. Elle en enlève le duvet et l'empêche de paraître pâle et terne.

ART. 6.

Il est important de nettoyer souvent les brosses, qui sans cette précaution se chargent d'impuretés, et graissent les habits au lieu de les nettoyer. La meilleure manière, pour y procéder, est de les frotter sur un morceau de papier blanc que l'on applique sur l'angle d'une table. Lorsque les poils, passés à plusieurs reprises sur le papier, n'y laissent plus de traces noires, la brosse est propre.

ART. 7.

La brosse de tête, à crins espacés et inégaux, doit être entretenue dans une extrême propreté et serrée dans un tiroir séparé. Cette brosse se nettoie non-seulement sur le papier, mais encore à l'eau chaude et au savon.

TITRE TROISIÈME.

Ecueils.

CHAPITRE PREMIER.

DE LA RAIDEUR.

La raideur est mortelle à la grâce !

Qui n'a ri, par un beau jour de Fête-Dieu, de ces braves écoliers que l'on rencontre, un ruban blanc au bras, en habit neuf, la cravate serrée, l'escarpin brillant? ils ont fait leur première communion le matin, ils se promènent dans toute leur gloire. Comme ils ont l'air gêné, emprunté, mal à l'aise ! Le *dandy* s'arrête et les regarde en pitié : il a tort, il voit là son portrait, un peu chargé peut-être ; mais, somme toute, il est ridicule comme eux, et son ridicule est le même, la raideur.

La raideur, cependant, menace de devenir de mode. Dans beaucoup de salons on la confond avec la gravité : un jeune homme a l'air d'un sot, on lui trouve une physionomie de penseur. Le claque à la main, le jarret tendu, tremblant de compromettre la symétrie de sa cravate, de faire grimacer la manche de son habit, un autre passera pour observateur. Si la mode en prend, nos salons ressembleront à la galerie des antiques, ou au cabinet de Droz et de Maëlzel.

Le pis est que cette raideur ne s'arrête pas à la toilette : le caractère s'en ressent : on parle moins, on ne rit plus, et tout cela pour faire dire que la génération nouvelle est grave, ennemie du frivole, parlementaire enfin.

Si la chose est, et nous voulons le croire, car, dans un petit livre consacré à des futilités, on doit passer condamnation sur une question aussi grave ; si la chose est, tant mieux : que la génération nouvelle soit sérieuse, mais qu'elle soit aimable, qu'elle évite de tomber dans une sotte exagération, qu'elle se laisse répéter qu'il n'y a d'élégance, de plaisir, de sociabilité qu'avec du naturel, que le naturel seul donne le bon goût, la grâce,

« Cette grâce ! plus belle encore que la beauté. »
La Fontaine.

CHAPITRE II.

DES TRANSITIONS.

Rien de délicat, rien de difficile, rien de dangereux comme les transitions : en poésie comme en médecine, à la guerre comme dans les modes, d'elles seules dépend le succès. Une bonne tragédie tombe au quatrième acte ; une sueur rentrée emporte un convalescent ; Mahmoud risque l'empire pour avoir fait trop tôt l'exercice à la prussienne ; mademoiselle Mars compromet sa réputation en jouant trop tard les ingénues.

La vie, comme l'année, est marquée par quatre grandes transitions: l'enfance, la jeunesse, la maturité, la vieillesse ; rien ne nous saurait exempter d'en subir les conséquences, il suffit au reste d'un peu de philosophie pour s'y résigner ; le difficile, l'important, c'est d'apprendre à en mettre à profit les divers avantages.

La toilette, dans l'enfance, nous cause peu de soucis : l'amour paternel doit veiller à ce qu'elle soit tout entière subordonnée aux règles d'une sage hygiène. La sortie du collége et un changement de tailleur suffisent pour nous placer au niveau de la jeunesse; le désir de plaire, l'énergie vitale, font à ce moment, de la toilette, un besoin comme un plaisir. L'âge mûr, ses travaux, ses idées, modifient la direction qu'on lui donne; et quand arrive la vieillesse, avec elle vient le *désillusionnement* pour celui qui a habilement ménagé les transitions de sa vie.

La mode en effet, pour le jeune homme, est une reine ou une esclave : il se soumet à ses lois s'il ne peut lui en dicter; mais, quand a sonné la quarantaine, il faut, sous peine de ridicule, heurter de front certains de ses arrêts.

Si dès ce moment on change peu à peu la forme de ses habits, l'expression de ses mouvements, de sa marche, on voit arriver inaperçue la cinquantaine, et la vieillesse ne laisse rien à regretter.

Le monde est plein de ces vieillards qui n'ont pas voulu vieillir. Vêtus comme leurs fils, maniérés, prétentieux, répétant à tout propos qu'ils ont la tête, l'imagination, le cœur jeunes, ils renoncent à inspirer le respect, et ne peuvent obtenir à sa place cette expansion de cordialité que leurs cheveux grisonnants repoussent; la caducité les surprendra en chaussons de bal, la goutte fera seule trève à leurs déjeûners de garçons.

En général l'âge produit deux effets opposés, ou l'excessive maigreur, ou l'extrême embonpoint. Avec un bon tailleur et une ferme résolution, on tire également parti de l'une et de l'autre. Des draps foncés, une coupe d'habit sévère, sans cesser d'être élégante, une coiffure régulière, des bijoux simples et de prix, donnent tout d'abord un air grave, qui parfois assure des succès qui ne laissent pas regretter les triomphes de la première jeunesse.

C'est pour les femmes surtout qu'est terrible ce passage, qui souvent cependant les conduit du plaisir au bonheur. Que de regrets, que de soupirs, que d'indécisions, avant de s'avouer à soi-même que l'on n'est plus jeune! puis ensuite que de soins, de précautions, de mystères, pour le cacher aux autres!

Si les femmes savaient combien de petites félicités entourent une jeune et franche vieillesse! C'est par elle que l'on se prépare surtout le bonheur et la tranquillité de la dernière des transitions.

CHAPITRE III.

DES GESTES.

On rencontre à chaque pas, dans le monde, de ces gens qui croient avoir des gestes spirituels, énergiques, gracieux, comiques, et qui se garderaient de dire une parole sans mettre un mouvement à l'appui. Ils lèvent les épaules, frappent du pied, grimacent, à se faire croire attaqués de la danse de saint-gui. C'est quelque chose de fort amusant que d'écouter de loin, avec les yeux, la conversation de deux interlocuteurs possédés de cette manie ; on se fait inévitablement une idée fausse du sujet qui les occupe; on prend une invitation à dîner pour une provocation de duel, un compliment de condoléance pour d'humbles excuses.

En général, une personne bien élevée est peu prodigue de gestes. L'abbé Delille avait coutume de dire « que les gestes, complément et parure du discours, donnent de la physionomie aux paroles. » Il est vrai que nul homme n'avait autant que lui l'art de suppléer par l'action à l'insuffisance du discours, et de rendre en quelque sorte palpable sa pensée. Malheureusement ses élèves ni ses successeurs n'ont hérité de cette heureuse faculté.

Les grands gestes sont ridicules et de mauvais ton; mais les gestes mignards sont plus insupportables peut-être encore. A voir serrer les lèvres, cligner les yeux, prendre mille façons singulières pour exprimer la chose la plus simple, on ressent des impatiences; si la politesse ne retenait, on romprait en visière à l'interlocuteur, à ses gestes, et à son afféterie *.

* Un homme de lettres, fort spirituel et fort aimable du reste, s'est acquis, dans ce genre, une réputation toute particulière. Il fait un petit geste à l'appui de chaque syllabe. Il semble qu'il prenne à tâche de joindre la pantomime au discours. Un de ses amis l'a surnommé plaisamment le Mazurier de la conversation.

CHAPITRE IV.

DES RACCORDS.

Dût le spirituel et savant auteur de l'*Examen critique des dictionnaires de la langue française* rire de ma témérité, je me sers de ce mot, *raccord*, que l'Académie n'adoptera certes pas, mais qui sera du moins compris, pour désigner cette innocente supercherie à l'aide de laquelle on donne un air de nouveauté à une vieillerie passée de mode. Il faut bien se servir du mot lorsque la chose est si commune. Le clerc de notaire met un collet de velours à un vieux habit, le vaudevilliste coud des couplets à un proverbe de M. Leclerc; l'abbé arrange Massillon à la taille de son auditoire; la Chambre retourne le discours du Trône; que de raccords! sans compter ceux moins innocents dont je ne puis parler, quoiqu'ils appartiennent peut-être un peu au domaine de la toilette!

Les raccords, ressource de l'économie coquette, produisent bien rarement un bon effet. Ces demi-nouveautés se trahissent toujours par quelque bout d'oreille.

> C'est en vain qu'on tourne
> Pour chercher profit,
> L'habit qu'on retourne
> N'est qu'un vieil habit.

Béranger l'a dit, et, quoique ce soit une plus grande autorité en poésie qu'en fait de toilette, nous sommes bien de son avis. Pour qu'une mise soit élégante, il y faut avant tout de l'harmonie. Posons donc cet aphorisme :

Mieux vaut l'usure que le raccord.

APPENDICE

AU TITRE PREMIER.

APPENDICE

AU TITRE PREMIER.

COSMÉTIQUES.

Le célèbre traducteur de Mathioli, Dumoulin, était à l'agonie; se tournant vers trois de ses confrères qui l'assistaient : « Je laisse, dit-il, après moi trois grands médecins... » Les docteurs s'inclinaient avec modestie. — « L'*exercice*, la *diète* et l'*eau !* » ajouta le malicieux vieillard.

Cette leçon pourrait, ce me semble, s'appliquer aussi à ceux qui ont recours aux secours de la cosmétique. Certes, l'activité, la sobriété, le soin de sa personne, sont les plus sûrs moyens de conserver la beauté dans son lustre et sa fraîcheur ; mais le désir immodéré de plaire ne s'est en aucun temps contenté de ces simples ressources; on a trouvé que c'était trop peu que de cultiver la nature, on a voulu l'embellir et la redresser.

La cosmétique formait chez les anciens une branche de la médecine, et les Grecs, ces peuples si sensibles à la beauté, professaient une vénération profonde pour les sages qui la cultivaient ; une foule de volumineux traités, parvenus jusqu'à nous, attestent l'importance qu'ils attachaient aux plus petits secrets de toilette. Perdue durant des siècles avec les autres sciences, elle reparut enfin sous le beau ciel d'Italie, et bientôt fut importée chez nous, avec le luxe, la civilisation et la galanterie, par la brillante cour des Médicis.

Nous n'avons pas l'intention de tracer ici l'histoire de la cosmétique, et de montrer nos bons aïeux troquant souvent leur fortune, et parfois leur santé, contre les drogues de Nostradamus, dont les merveilleux effets rendaient, à son dire, « la face nette, luisante et polie comme un miroir. »

La mode des parfums et des fards,

malgré les déclamations du clergé et les sages avis des hommes éclairés, fit de rapides progrès; il devint bientôt impossible de la combattre, et on la poussait à un tel excès du temps de La Bruyère, que ce moraliste écrivait: « Si les femmes étaient « telles naturellement qu'elles le « deviennent par leurs artifices ; « c'est-à-dire qu'elles perdissent « tout-à-coup la fraîcheur de leur « teint, qu'elles eussent le visage « aussi allumé et aussi plombé qu'el- « les se le rendent par le rouge et « les peintures dont elles se fardent, « elles seraient inconsolables. »

Notre révolution, en faisant justice des vieux abus, fit justice aussi des modes ridicules; les coiffures à trois étages, les paniers, le rouge et les mouches disparurent comme les abbés, les corporations et la dîme : dès-lors une femme put être fraîche et jolie impunément ; la coquetterie cessa d'avoir ses martyres ; des ajustements simples et élégants remplacèrent l'attirail de l'ancienne étiquette.

La science de la cosmétique s'est de ce moment beaucoup simplifiée. Les progrès de la chimie sont venus d'ailleurs éclairer l'inexpérience sur le danger de la plupart de ses préparations ; et les charlatans, qui continuent de vanter leurs nuisibles préparations, sont d'autant plus coupables aujourd'hui, qu'ils n'ont plus à alléguer leur ignorance pour excuse.

Grâce au ciel, la céruse et le vermillon ne s'emploient plus qu'au théâtre; cependant il existe encore quelques abus, et plus d'une femme peut confondre les préparations innocentes, telles que certaines eaux spiritueuses, les huiles parfumées, les aromates végétaux, avec des cosmétiques dont le plomb forme la base, tels que la céruse, le vinaigre de saturne, et le bismuth. On doit donc rejeter sans exception toute préparation où entrent des oxydes métalliques ou des acides minéraux; la toilette trouve d'assez puissantes ressources dans ces recettes salubres qui, simples comme la nature, et destinées seulement à l'aider, relèvent l'éclat de la beauté, prolongent son empire, et dédommagent même de son absence.

Après avoir mis nos lecteurs en garde contre le charlatanisme des débitants de cosmétiques, il nous reste à leur indiquer quelques compositions bienfaisantes*, sur lesquelles nous appelons leur préférence, tant à cause des heureux effets

---

* Nous présentons ici une série de recettes précieuses, avec d'autant plus de confiance, que nous en devons la communication à l'obligeance de MM. Dissey et Piver, parfumeurs brevetés du Roi, fournisseurs de Madame, duchesse de Berry. Les travaux éclairés de ces deux habiles associés n'ont pas peu concouru aux progrès récents de l'art cosmétique. Ils l'ont enrichi d'un grand nom-

qu'on en retire, que de la facilité avec laquelle on peut les préparer.

bre de découvertes et d'heureuses combinaisons. C'est dans cette maison seule que l'on peut trouver le véritable *Serkis du Sérail*, précieux pour l'entretien de la peau, l'excellente *pommade des Francs* et la poudre *dentifrice Mao-Tcha*. Mais une nouvelle invention, pour laquelle ils viennent d'obtenir un brevet, leur mérite surtout le suffrage et la bienveillance de toutes nos lectrices; c'est *le blanc de neige*, poudre presque impalpable, blanche comme la neige et fondant comme elle; cette préparation adoucit la peau, en augmente la fraicheur et le coloris; la mode a pris le blanc de neige sous sa protection, et il se trouve déjà sur toutes les toilettes.

La maison *Dissey-Piver*, parfumeurs-distillateurs, est établie rue St.-Martin, n. 111 et 115.

Pommade de concombres.

La pommade de concombres donne à la peau de la souplesse et de la fraîcheur. Son emploi, toujours agréable, est aussi salutaire dans diverses affections de la peau; en voici la recette:

On râpe des concombres blancs que l'on met dans une quantité égale d'huile d'olive fine: on place le vase de porcelaine ou d'argent contenant ce mélange dans un bain-marie, et on l'agite avec une cuillère d'argent. On retire le vase au moment où l'ébullition va commencer, et on passe le résidu à travers une étamine. On remet jusqu'à six fois la même huile sur de nouveaux concombres râpés, et on retire toujours le vase avant que le bain-marie ait procuré l'ébullition. On obtient ainsi une pommade onctueuse et éclatante de blancheur. Il faut en couvrir les pots d'une couche de graisse, pour empêcher le contact de l'air.

Eau pour effacer les rides.

Il est une foule de préparations composées dans le but d'effacer les rides. Nous n'en indiquerons pas les diverses recettes. Celle que nous donnons ici a cela du moins de précieux, que, si elle ne possède pas toute la vertu qu'on lui attribue, elle est du moins innocente, et se distingue par les qualités d'un bon cosmétique.

On fait bouillir une poignée d'orge perlée dans une pinte d'eau : lorsque les grains sont parfaitement cuits, on passe l'eau, à laquelle on ajoute quelques gouttes de baume de la Mecque.

Recette pour faire croître les cheveux.

Souvent, à la suite d'une maladie, les cheveux affaiblis menacent d'une chute totale ; la préparation suivante est dans ce cas recommandée par l'auteur du *Dictionnaire de l'Industrie française*, qui assure en avoir vu les effets les plus prompts et les plus satisfaisants.

On fait fondre ensemble, dans un petit pot de terre neuf, une once de moelle de bœuf fraîche, et une once de graisse retirée du pot au feu avant que celui-ci ait été salé. On passe ensuite ce mélange, et on le jette sur une once d'huile de noisette.

Eau pour les yeux.

La véritable cosmétique ne connaît ni baumes, ni pommades propres à donner de l'éclat, de la vivacité aux yeux; la médecine les rejette tous comme dangereux. L'eau fraîche suffit pour les baigner soir et matin, et réparer la fatigue des muscles. Parfois cependant les yeux sont affectés d'un gonflement causé par la chaleur, la poussière, ou les veilles. On peut dans ce cas remplacer avantageusement l'eau pure par une infusion de feuilles d'hyssope dans un verre d'eau bouillante, ou de fleurs de mauve dans du vin blanc. Ces deux remèdes si simples sont fortifiants. On les emploie en lotions; froides en été, tièdes en hiver.

Le célèbre médecin anglais Willich recommande, lorsque la vue est momentanément affaiblie, de baigner de temps en temps la lèvre supérieure dans une eau tiède, à cause de son étroite liaison avec le nerf optique. Il conseille également de fumiger les yeux après dîner, à la vapeur du café en ébullition.

Soins de l'oreille.

Il est important, en se nettoyant chaque matin l'oreille au moyen du petit instrument destiné à cet usage, de ne pas rendre l'opération trop complète; il serait dangereux d'enlever trop exactement l'enduit destiné à lubrifier le conduit de l'oreille : la nature s'est proposé un but dans cette sécrétion ; le *cerumen* (c'est le nom que la médecine lui donne), oppose un rempart aux insectes, aux sons trop éclatants, aux vapeurs impures répandues dans l'atmosphère. Contrarier ces résultats, en voulant entretenir une propreté exagérée dans les conduits de l'oreille, pourrait être nuisible à la santé, et affecter l'organe de l'ouïe. Il faut toutefois se garder également de l'excès opposé, en laissant accumuler et durcir une quantité du *cerumen* au fond du conduit auditif ; elle nuirait alors à la finesse de l'audition. Au reste, la sensibilité des parois de l'oreille suffit pour avertir du point où il est convenable de s'arrêter, afin de concilier les exigences de la toilette et le soin de la santé.

Pommade pour les lèvres.

La pommade la plus simple et la plus usitée pour rendre aux lèvres la souplesse que le hâle ou le froid leur font si souvent perdre, est un cérat composé d'huile d'amandes douces et de cire vierge; on le colore avec l'orcanette, et on l'aromatise d'essence de roses.

Dentifrices.

« Les cosmétiques destinés à l'entretien de la bouche, dit le *Dictionnaire des sciences médicales*, sont l'esprit de cochléaria et la teinture de gaïac : les élixirs dans lesquels on fait entrer la menthe, la pyrèthre, le girofle, la muscade, n'ont rien que de salutaire ; mais on doit rejeter les acides, tels que l'eau anti-scorbutique de Désirabode, qui n'est que de l'acide sulfurique coloré, et dont l'action sur les dents ne peut être que funeste. Il faut aussi se défier de tous les prétendus *trésors de la bouche* dont la composition est cachée. »

Tous les acides, en effet, tels que le sel d'oseille, le citron, la crême de tartre, et plus spécialement encore les acides minéraux, blanchissent les dents ; mais, sous quelque forme qu'on les emploie, sous quelque nom qu'on les déguise, leur inévitable résultat est, en peu de temps, de corroder, de calciner les dents, de les jaunir, d'enlever leur poli, ils finisent même par les rendre noires, s'ils ne déterminent pas leur chute anticipée.

Les poudres sont tout aussi dangereuses; leur base ne peut être que le corail pulvérisé, la semence de perles, les pierres d'écrevisses, la pierre ponce, l'os de sèche, les coquilles d'œufs calcinées, l'alun, la porcelaine en poudre; leur emploi est d'autant plus désastreux, que le frottement immédiat qu'elles opèrent enlève l'émail, déchausse les dents et altère les gencives.

Les opiats sont composés avec ces mêmes acides ou poudres rongeantes, et alors ils sont également dangereux ; si, au contraire, ils ne se composent que de miel et de parfums, ils sont sans effet.

On doit donc rejeter toutes ces préparations empiriques : le meilleur dentifrice, et le plus simple en même temps, est la poudre impalpable de charbon. Comme le charbon cependant ne possède qu'une vertu anti-putride, et qu'il est utile qu'un dentifrice fortifie les gencives en blanchissant les dents, on peut le mélanger ainsi : une once de charbon tamisé ; une demi-once de sucre candi pulvérisé ; trois gros de kinakina Pérou, et une once de crême de tartre.

Les propriétés de chacune de ces substances, qui s'accroissent et se développent par le mélange, doivent faire préférer ce dentifrice à tout autre. En effet, le kina raffermit les gencives, le sucre renforcit les dents, l'acide du tartre en augmente l'éclat, le charbon les blanchit. Employées séparément, ces substances cependant auraient chacune leurs inconvénients :

Le kina seul jaunirait l'émail, le tartre pourrait l'altérer, le sucre serait impuissant, le charbon laisserait une teinte désagréable autour des gencives. Le mélange neutralise les mauvais effets et développe les bons.

Une coutume très-salutaire pour se conserver les dents saines et la bouche fraîche, est de les brosser légèrement chaque soir, avant de se mettre au lit, et de se rincer la bouche avec de l'eau aromatisée d'eau-de-vie de cerise ou d'eau-de-vie de gaïac.

Savon pour la barbe.

Il n'est pas indifférent d'employer pour la barbe tous les savons que vantent les parfumeurs. La plupart contiennent des principes acides ou salins qui nuisent essentiellement à la peau. Le savon d'amandes de Demarson, ou le savon dit de lady Derby, doivent être préférés à tous les autres, non-seulement pour la barbe, mais pour tous les autres usages de toilette.

La composition du savon de lady Derby est fort simple, en voici la recette :

Deux onces d'amandes amères blanchies, une once et un quart de teinture de benjoin, une livre du meilleur savon blanc uni, un morceau de camphre de la grosseur d'une noisette : on pile les amandes et le camphre dans un mortier séparé ; lorsqu'ils sont bien joints on ajoute le benjoin, puis le savon. Quand le mélange est parfaitement opéré à chaud, on le prépare en boules ou en tablettes.

Il serait superflu de noter ici la nécessité de ne jamais se servir des rasoirs, éponge, brosse à barbe, ou linge appartenant à des personnes étrangères. Les plus graves inconvénients peuvent être le résultat de cette simple négligence.

Cosmétiques pour les mains.

Pour préserver les mains de rides et de gerçures, il faut les laver dans une eau tiède et se garder de les exposer à l'air immédiatement après. La peau des bras et des mains, quoique d'un tissu plus serré que celle des autres parties du corps, est sujette à une grande dilatation : le froid lui est contraire, le vent la dessèche, le soleil la brunit très-vite, tandis qu'une douce chaleur la gonfle et l'assouplit ; aussi la meilleure précaution pour conserver la beauté de la main est-elle de porter constamment des gants de peau. Ceux de peau de chien, ont, plus que tous autres, l'avantage d'adoucir et de conserver l'épiderme. Quelques personnes se servent encore de gants gras. La meilleure manière de les préparer consiste à battre deux jaunes d'œufs très-frais, dans deux cuillerées d'huile d'amandes douces : on arrose ce mélange d'une demi-once d'eau de roses, et on y ajoute deux gros de teinture de benjoin. On trempe les gants retournés dans ce cosmétique, et on les met la nuit.

La pâte d'amandes ne convient pas à toutes les peaux, il en est même qu'elle jaunit et brunit; dans ce cas, il faut la remplacer par le fruit de l'*œsculus* ou marronier d'Inde, qui n'a pas le même inconvénient. « Le « fréquent usage de cette farine, « dit l'*Encyclopédie de la beauté*, « est très-salutaire : la peau en con- « tracte un lustre admirable ; elle « nettoie parfaitement et n'est su- « jette à aucun des inconvénients « des substances savonneuses. »

Parmi les soins dont les mains doivent être l'objet, il en est un qu'il ne faut pas négliger, c'est de se servir toujours d'une brosse très-fournie, large et molle. Si les soies en étaient séparées ou dures, elles érailleraient la peau et lui enlève-raient son brillant.

Quant aux ongles, l'habitude de

soins journaliers leur procure le poli, la transparence, la forme même en quoi consistent leur beauté. Souvent la légère membrane qui enveloppe leur contour, s'étend outre mesure et cache ce petit cintre blanchâtre qui fait si bien ressembler un bel ongle à un pétale de rose. Cette pellicule s'enlève facilement avec la pointe d'un cure-ongles. Pour donner une belle couleur aux ongles, il faut chaque jour, en terminant sa toilette, les polir avec une petite éponge trempée dans un mélange de cinabre et d'émeri ; puis, après les avoir bien essuyés, les humecter avec un peu d'huile d'amandes amères.

Les ongles sont sujets à deux

maladies ; la sécheresse, qui les courbe ou les fait casser, et la faiblesse qui les amollit au point de plier au moindre contact. Dans le premier cas, on applique, la nuit, sur leur surface un corps gras quelconque; dans le second, il faut faire emploi de la pommade fortifiante suivante : une demi-once d'huile de lentisque, un demi-gros de sel, une parcelle de colophane, autant d'alun, un peu de cire vierge. On forme du tout un cérat.

Quant aux taches blanchâtres qui paraissent quelquefois sur les ongles, et qu'Horace appelle *les parjures de Barine ;* on les dissipe en appliquant dessus de la poix et de la mirrhe fondues ensemble.

Moyen de pallier les effets de la transpiration.

La transpiration cutanée est tantôt visible, quand, fortement excitée, elle sort des pores en gouttelettes aqueuses ; tantôt invisible, mais apercevable lorsque l'on pose la main sur une surface plane qu'elle ternit à l'instant. On nomme cette action transpiration insensible : c'est par elle que se dégagent continuellement du corps, sous forme liquide ou gazeuse, les matières dont il lui importe de se débarrasser. A leur sortie, ces matières excrétées sont dissoutes par l'air, ou absorbées par les vêtements. Les accidents les plus graves se déclarent aussitôt que cette transpiration se trouve arrêtée.

Pour que l'économie retire de la transpiration tous ses avantages, il faut que celle-ci soit favorisée par des soins continuels de toilette, par des bains réguliers et le fréquent changement de linge.

La transpiration contenant des principes acides, il en résulte, lorsqu'elle est ordinairement abondante, quelques inconvénients. Elle détruit complétement les couleurs, celles de la soie surtout, et parfois elle exhale une odeur désagréable.

Une extrême propreté est le seul

remède à l'aide duquel on puisse combattre cet inconvénient. Il faut, soir et matin, s'essuyer le dessous des bras avec un linge très-sec ou une flanelle fine. Les bains, en facilitant la transpiration générale, diminuent celle des parties où elle se porte de préférence et lui enlèvent toutes ses qualités âcres ; on peut encore saupoudrer le soir, avec de la poudre sèche d'iris de Florence, les parties qu'affectionne la transpiration. La poudre d'alun brûlé convient au même usage, mais son odeur est loin d'être aussi agréable.

En terminant cette nomenclature, trop succincte sans doute, de quelques-uns des cosmétiques qui conviennent le plus généralement, nous répéterons encore cet aphorisme dont tout notre livre ne sera que le développement : l'ame de la toilette est une exquise propreté. La meilleure odeur est de n'en pas avoir ; et l'on ne doit faire usage des cosmétiques, même les plus simples, que lorsque quelque nécessité y oblige.

APPLICATIONS.

APPLICATIONS.

MÉDITATIONS

SUR LA MODE.

La mode est la reine du monde !

Qui dispense à son gré les réputations, la fortune, l'esprit, les honneurs, l'honneur même ? la mode.

C'est elle qui, sous vingt noms différents comme ses caprices, crée, détruit, élève ou renverse les empires et les coiffures, les constitutions et la coupe des habits.

Il semble que ce soit pour lui servir de devise qu'ait été écrit le « *pro ratione voluntas.* »

« C'est la mode ! » ce mot répond à tout : soumise à sa magique influence, la France se montra tour à tour théâtrale sous Louis XIV, libertine sous le régent, économiste sous Turgot, passive sous Bonaparte, patiente sous Louis XVIII, et la voilà qui, depuis quelques mois, prend enfin une allure constitutionnelle.

Jadis les hommes à la mode formaient une classe dans la société. On était alors homme à la mode comme on est aujourd'hui dilettante, romantique, gastronome ; c'était une spécialité, une sorte de profession morale.

De brillants avantages physiques, une fortune considérable, quelque aventure d'éclat, mettaient d'abord un homme à la mode. Dès-lors il pouvait tout se permettre. Ce qui, dans un autre, eût été regardé comme de la fatuité, de l'impudence, passait chez lui sur le compte de l'aplomb, de la conscience de son mérite. Du reste, l'esprit, l'élégance, la grâce, étaient indispensables à l'homme à la mode ; à lui permis d'avoir tous les vices, pourvu qu'il les cachât sous un vernis charmant d'élégance et de bon ton. Aujourd'hui le type est perdu : tant mieux, dit la morale ; tant pis, répond le plaisir.

On confond trop souvent la mode

avec la gloire ; il est vrai que rien ne se ressemble davantage, et que l'on pourrait les croire sœurs. Tel général a une grande renommée, qui n'a jamais commandé sans faire quelque école ; tel professeur acquiert de la célébrité, grâce à la persécution bien plus qu'à son talent ; voyez-les entrer dans un salon, se mettre en évidence par quelque démarche sans danger, leur nom éclate et retentit. C'est la mode qui le proclame ; leurs amis disent que c'est la gloire.

Il y a presque toujours dans nos salons un sujet de conversation à la mode, comme un air favori et une pièce en vogue. Après la révolution il était très comme il faut de déplorer les excès, et d'en avoir été victime. Sous l'empire, on faisait des vœux pour nos gloires, et des imprécations contre le léopard anglais ; aujourd'hui, il est de bonne compagnie, au faubourg Saint-Germain, de dire deux mots de son indemnité, de gémir sur la persécution du clergé, ou de renverser le trône du Grand-Turc. Ces plaisirs sont fort innocents ; seulement les conversations, comme les robes et les habits, paraissent toutes taillées sur le même patron.

Au reste, comme tous les tyrans, la mode n'exerce entièrement son pouvoir que sur ceux qui sont trop faibles pour lui résister. Sans heurter de front ses arrêts, on peut les accommoder à sa guise; avant d'être mis à la mode, il faut être bien mis; l'homme de goût pare ce qu'il porte, bien plutôt qu'il n'en est paré; et la mode, en pliant devant sa convenance ou son caprice, acquiert presque toujours plus de grâce et d'agrément.

Si l'on recherchait dans les annales de la mode toutes les bizarreries, les sottises, les ridicules qu'elle a fait peser sur l'espèce humaine, on serait jeté dans un étrange étonnement. Source des plus grandes choses comme des plus misérables excès, elle a de tout temps été l'arme la plus puissante entre les mains des gens assez habiles pour la diriger. Il n'est pas de chose si risible ni si cruelle qui n'ait eu son temps de vogue. Sous Louis XIV, la musique de Rameau et les empoisonnements étaient à la mode.

Dans le bon temps, lorsque madame de Pompadour traçait un plan de campagne avec du rouge et des mouches, Paris était peuplé de femmes à la mode : aujourd'hui on en voit fort peu. L'épithète de femme à la mode, qui était alors un galant compliment, courrait même grand risque d'être prise pour une injure par une honnête femme : ce n'est pas que la pruderie soit devenue plus commune, on a seulement donné une autre direction au sentiment des convenances :

nous avons des femmes célèbres et des femmes-poètes.

C'est à Paris que la mode semble avoir placé le siége de son empire. Les théâtres, les promenades, les vêtements, les personnages, la politique, la littérature, les événements, tout y est jugé sous son influence. Rendons toutefois justice à l'équité presque constante de ses arrêts : le public parisien se laisse rarement décevoir, et les réputations auxquelles il donne son suffrage sont toujours basées sur un grand mérite ou un véritable talent. Au reste, si la mode commet parfois quelques méprises, elle en fait promptement justice : c'est une

205

vieille coquette qui se peut tromper, mais à qui son inconstance fait bientôt réparer son erreur.

DES BAINS.

De tous les soins qu'exige la toilette, le plus simple, le plus agréable, le plus naturel, le bain est aussi celui qui exerce une influence plus immédiate et plus constante sur la santé.

Sans remonter, pour prouver ses vertus, à la vigueur et à la longévité des peuples anciens, on doit être frappé de cette vérité, que les peuples qui, par culte ou par régime, font du bain un usage plus fréquent, l'emportent sur les autres en beauté physique. C'est à leur emploi journalier que les femmes de l'Orient doivent, outre cette souplesse de formes, cette délicatesse de peau qui les distinguent, l'avantage de se livrer sans danger aux douceurs d'une vie molle et oisive.

Du temps, regrettable peut-être, où des législateurs et des sages étaient seuls *pasteurs d'hommes*, comme dit La Fontaine, l'usage du bain était placé en première ligne parmi les devoirs religieux et sociaux : de là les eaux lustrales, les immersions, les ablutions, auxquelles chacun s'empressait de se soumettre : aujourd'hui, ce ne sont plus les lois et la religion qui commandent l'usage des bains, mais seulement l'hygiène et la coquetterie ; heureusement, sous ce rapport, leur puissance est suffisante, et l'intérêt personnel commande assez fortement de se conformer à leurs impérieux conseils.

L'impression de bien-être que fait éprouver le bain, suffit en effet pour en faire apprécier les bienfaisantes vertus. Il agit immédiatement sur la peau, enlève les petites écailles de l'épiderme et en détache l'humeur sébacée. En débouchant les pores, il accélère la circulation, facilite et augmente la transpiration, et procure une sorte de langueur douce, d'agréable abattement, qui ne manque certes pas de charme.

Les effets du bain, toutefois, sont différents, suivant le degré de chaleur ou de froid du fluide ; les précautions à prendre, lorsque l'on y entre ou que l'on en sort, diffèrent aussi selon sa température.

La chaleur distend et raréfie tous les corps; le froid les resserre et les condense. Le bain froid, celui dont la température n'excède pas douze à quinze degrés au-dessus de zéro du thermomètre de Réaumur, comprime d'abord la surface du corps, crispe légèrement la peau, comprime les vaisseaux sanguins, et condense les fluides qui y circulent. Mais bientôt la chaleur intestine réagit, repousse l'action du froid, rend la circulation plus vive, plus forte, et redonne à toutes les fonctions une plus grande énergie.

Le bain froid est donc tonique,

et augmente la chaleur intérieure : mais il faut que l'immersion soit subite et complète. Il est dangereux d'entrer lentement dans l'eau froide ; lorsque l'on n'y pénètre que graduellement, le froid des extrémités inférieures refoule la chaleur vers les organes plus élevés. En général le bain froid, favorable à la jeunesse dont il fortifie le tempérament, ne convient pas à la vieillesse, aux constitutions faibles, ni aux poitrines délicates, parce que, la réaction ne pouvant s'opérer, la chaleur ne se rétablit que difficilement dans les parties saisies d'abord par le froid.

A tout âge, lorsque l'on veut prendre un bain froid, il faut que le corps soit reposé, que la transpiration ne soit pas exaltée par la marche ou le travail, que la digestion soit complétement opérée.

Lorsque l'eau courante est à une température assez élevée, on peut y demeurer, sans inconvénient, une demi-heure ou trois quarts d'heure : douze à quinze minutes suffisent lorsqu'elle est plus froide.

A la sortie du bain, il faut s'essuyer et se frotter le corps, pour enlever l'humidité, et pour débarrasser la peau des parcelles qui en ont été détachées par l'action de l'eau. Si l'on se sent refroidi, on rappellera la chaleur en se frottant le corps, et particulièrement la poitrine, avec un spiritueux ; on se rhabillera promptement, et on fera un excercice modéré pour rétablir la transpiration.

Quoique le bain froid aiguise l'appétit, il est prudent de s'abstenir de manger immédiatement en en sortant, parce qu'alors la chaleur, se reportant du centre aux extrémités, laisse les organes digestifs dépourvus d'une partie de la force dont ils ont besoin pour s'acquitter de leurs fonctions.

Les bains froids conviennent peu aux personnes habituées à une vie molle et sédentaire; elles ne devraient en prendre qu'autant qu'ils leur seraient prescrits.

Comme cosmétiques, ces bains ne conviennent qu'aux femmes d'un tempérament sanguin, ou douées d'une sorte d'embonpoint; ils sont en général nuisibles aux femmes sveltes ou disposées à la maigreur; ils resserrent d'ailleurs la peau et la rendent écailleuse.

Tant que dure la belle saison, les divers bains d'eau courante, ouverts à Paris, sont très-fréquentés. Il est même de bon ton parmi les jeunes gens de paraître chaque jour à l'école de natation établie au bassin du Pont-Royal. Le costume, pour les habiles nageurs, se compose du caleçon de couleur tranchante et de la calotte grecque.

Les bains chauds relâchent et ramollissent les fibres, augmentent la transpiration, la rétablissent même lorsqu'elle est supprimée. Léur usage est extrêmement salutaire, il faut le régler cependant sur l'état de la santé : l'âge doit en déterminer surtout l'emploi ; les bains trop fréquents affaiblissent, épuisent, prédisposent aux rhumes, et à la longue altèrent le tempérament.

Lorsque l'on prend des bains tièdes ou chauds, on n'a pas besoin d'autant de précautions que pour se plonger dans l'eau froide ; mais les ménagements sont plus nécessaires à la sortie. Après que l'on a été essuyé avec des linges secs et chauds, puis frictionné, il faudrait se mettre au lit, y rester au moins une heure, et ne s'exposer que graduellement à l'air extérieur, afin d'éviter la contraction subite des pores épanouis, cause fréquente de maladies.

Malheureusement nos établissements de bains sont sous ce rapport fort imparfaits; l'air des cabinets y est lourd, chaud et humide; on n'y trouve point de lits, pas même de salon où l'on puisse se reposer, calmer l'agitation produite par le bain, et respirer un air tempéré. On est immédiatement forcé de sortir et de s'exposer à l'air extérieur; on se remet à marcher; on transpire ou on se refroidit, et ces deux accidents sont également nuisibles à la santé.

En règle générale, il faut se reposer avant le bain froid et après le bain chaud.

Les femmes doivent faire un très-fréquent usage des bains chauds ; l'eau, attiédie à un degré égal à peu près à la température du lait nouvellement trait, pénètre la fibre, la détend, l'assouplit ; et donne à tout le corps, pour ainsi dire imbibé, ce vernis de fraîcheur, cet embonpoint rosé qui ajoute tant de charme à la beauté même.

Notre intention n'est pas d'entrer ici dans le détail des différentes espèces de bains cosmétiques que chacun apprête selon son caprice ou son goût : quelques gouttes d'eau de Cologne ou d'eau de cerises, ajoutées à l'eau, ne peuvent qu'avoir un effet favorable. En Allemagne on a coutume de jeter dans la baignoire, au moment où on répand l'eau chaude, quelques poignées de mélisse, de thym et de lavande; la vapeur qui s'en élève fortifie les organes, en même temps que les qualités amères de ces simples prêtent au bain quelques vertus détersives; on doit toutefois employer rarement le secours de ces bains artificiels. La meilleure manière de mitiger l'eau est d'y jeter une quantité de pâte d'amandes suffisante pour la troubler et lui donner une apparence laiteuse; ainsi on adoucit la peau, et on empêche l'eau de la macérer, comme il arrive quelquefois lorsqu'on y reste long-temps.

Il est au sortir du bain un soin trop

négligé, et cependant bien nécessaire dans l'intérêt de la conservation de la beauté et de la santé ; ce sont les frictions : après avoir essuyé les parties qui, par leur conformation, pourraient conserver de l'humidité, le visage, le cou, la poitrine, avec beaucoup de ménagement, de peur d'altérer le tissu de la peau, et d'enlever, par un frottement exagéré, le léger velouté qui la recouvre ; après avoir plus fortement frotté les articulations, il faut faire usage de la brosse à frictionner. Cette brosse est garnie de longues soies blanches, assez molles pour ne point compromettre la peau, assez élastiques en même temps pour en faire tomber les petites pellicules écailleuses que l'eau a soulevées. Afin de les enlever plus complètement, on humecte un peu la superficie de la brosse avec une eau spiritueuse parfumée, ou avec une essence huileuse, si la qualité de la peau le permet. Aussitôt la friction terminée, il faut, si l'on ne peut se coucher, se vêtir promptement et prendre un peu d'exercice; on ressentira immédiatement les effets de cette excellente précaution, et la peau en retirera d'inappréciables avantages.

Si la toilette exige que les soins de propreté soient mis en rapport avec l'âge, le sexe, le tempérament, l'hygiène veut aussi qu'ils diffèrent selon les climats, les saisons, les températures.

Dans les climats chauds, la transpiration presque continuelle diminue considérablement la partie lymphatique du sang. Des bains à un degré inférieur à celui de l'air atmosphérique y sont nécessaires, pour introduire dans les pores une quantité d'eau qui rétablisse l'équilibre dans les humeurs, et calme leur effervescence habituelle.

Dans les climats très-froids, les bains de vapeurs doivent exciter la transpiration toujours lente et rare.

Dans les régions tempérées, des bains tièdes sont utiles pour nettoyer la peau, détacher de l'épiderme les molécules émanées du corps, et faciliter la sortie de celles qui doivent leur succéder.

Dans les temps très-secs, on peut se baigner fréquemment; dans les temps humides, les frictions sèches sont plus convenables.

Aux précautions que nous avons indiquées, il faut en ajouter une non moins essentielle, et cependant presque toujours négligée, c'est de ne pas remettre au sortir du bain la chemise ou le gilet de flanelle que l'on portait avant d'y entrer, à moins que l'un ou l'autre n'ait été porté que quelques heures. Sans cette précaution, les pores très-ouverts résorberaient bientôt les émanations antérieures, et reporteraient dans la masse des humeurs les parties dont elles se seraient débarrassées.

Mais parfois les localités, la convenance, ou toute autre cause, s'opposent à ce qu'on puisse prendre des bains entiers ; on doit alors y suppléer par des lotions générales ou particulières à l'eau tiède ou froide, selon la saison ; elles ne peuvent procurer tous les résultats hygiéniques du bain, mais elles suffisent du moins pour entretenir la peau et enlever de l'épiderme le résidu de la transpiration.

En terminant ce chapitre, il nous reste à recommander à nos lecteurs un établissement dont le succès atteste l'utilité : nous voulons parler des *thermophores*, ou bains à domicile. Grâce à cette entreprise, qui a maintenant des bureaux dans tous les quartiers de Paris, on peut, à toute heure, prendre commodément chez soi des bains dont aucun inconvénient ne vient entraver les effets salutaires. Une remarque, tout à l'avantage des progrès que fait chaque jour chez nous l'amour de la véritable toilette, doit clore cette série de renseignements. Paris, qui comptait à peine cinq ou six maisons de bains il y a une quarantaine d'années, en possède aujourd'hui plus de cinq cents.

DES PASSANTS.

On pourrait juger un homme, rien qu'à faire l'inspection de sa garde-robe. Son caractère, ses goûts, ses penchants, se trouveraient révélés par le choix, la couleur, la coupe de ses habits, par leur état, surtout, de soin ou de négligence. Il y a de ces traits caractéristiques, en toilette, que tout l'art du tailleur, toute la vigilance du valet de chambre, ne sauraient prévoir ni empêcher. L'habitude de la réflexion, en inclinant la tête, fait grimacer le collet; la nonchalance élime d'abord les coudes et les reins du frac ; la fierté qui porte la tête et le buste redressés, la bigoterie à la mine oblique, l'activité, l'exaltation, la paresse, l'amour, se trahissent chacun à des signes certains. Enfin l'habit a une physionomie, un caractère, un physique, un moral.

Deux célèbres observateurs ont prétendu trouver une grande analogie entre les traits de la figure, les bosses de la tête, et les dispositions morales des humains; les gens qui, prosélytes du spirituel Hoffman, voient partout des paradoxes, ont attaqué vigoureusement les systèmes de Lavater et de Gall. Ils ont soutenu que quelques faits, ingénieusement présentés, ne devaient laisser à leurs auteurs que la gloire d'avoir trouvé une nouvelle manière de dire la bonne aventure, plus en rapport avec les progrès de la civilisation que celle des Bohémiens métoposcopistes ou chiromantistes; mais, en dépit du pyrrhonisme, les travaux des deux savants n'ont pas été sans une grande utilité, et la science physiognomonique a fait des adeptes, dont les rangs deviennent plus nombreux chaque jour.

C'est à ces graves esprits que nous nous adressons aujourd'hui ; le système que nous leur exposons est le fruit des longues recherches d'un de nos amis, intrépide lecteur des ouvrages de Cardan et Porta, qui se flatte d'avoir trouvé le moyen infaillible et facile de deviner la profession de tous les gens qu'il rencontre, à leur maintien, à leur tournure, à leur habitude de corps.

Un homme mesure de l'œil l'habit, le gilet, le pantalon des passants; examinez vous-même sa mise : des couleurs tranchées, disparates, de l'exagération dans l'observation de la mode; les genoux en dehors, la chaussure et le chapeau négligés. C'est un tailleur; il va rire de pitié de la maladresse de quelque confrère.

Un autre, les yeux fixés à terre, se heurte à tout moment contre les voitures: c'est un bottier qui examine la chaussure de nos élégants; reconnaissez-le à ses coudes en pointe. Si ses yeux s'attachaient aux formes évasées des chapeaux, ce serait à coup sûr un chapelier; ses mains attesteraient son état, autant au moins que l'enseigne de sa boutique, au *Temple du Goût*.

Ne craignez pas que celui qui s'approche si près de vous et de la dame que vous accompagnez n'enlève votre chaîne de montre, vos bagues ou vos diamants; c'est tout bonnement un bijoutier : il est fort intrigué de savoir si le métal en est pur, si les pierres sont précieuses, si les perles ont été pêchées dans le golfe Persique, ou bien au cap Cormoran.

Voilà un homme à figure blême; sa toilette est assez soignée quoique raide et compassée ; il marmotte des paroles en calculant le jeu des fibres de toutes les figures. C'est l'Esculape du quartier. Il s'attache à découvrir en vous les signes pathognomoniques de la maladie dont vous mourrez ; il s'amuse à supputer le peu de jours, d'heures, de moments qui vous restent encore à vivre.

Le gros homme court, à ventre peu saillant, qui passe tous les jours devant vos fenêtres à la même heure, qui, avec son habit méthodiquement brossé, son chapeau dont l'eau fait briller le poil un peu rare, s'arrête deux minutes chez le boulanger pour y prendre une flûte, dont le prix croissant le fait pâlir, est un employé de la Trésorerie. Sa vie est réglée, ses habitudes prises; il ne sait que devenir un jour de fête.

Par suite de cette analogie, un épicier s'arrête devant la boutique d'un épicier; il vous dira, au besoin, combien il y en a dans Paris, dans chaque quartier de Paris, dans chaque rue de Paris. Le peintre reste deux fois plus long-temps qu'un autre à la porte d'un marchand d'estampes; dès qu'il a découvert une faute dans une gravure, dans un tableau, il continue joyeusement sa route.

En entrant dans un bal public, à Paris, à Sceaux, à Montmorency, un maître de danse se pavane, et fait un entrechat mental qui l'entretient dans l'idée que les gens qu'il voit n'ont pas le sens commun. Enfin il n'y a pas jusqu'à nos poètes de circonstance, nos faiseurs de vaudevilles et de mélodrames (je parle de ceux qui les font mauvais), qui ne se laissent reconnaître à l'air distrait du génie, au ton capable du savant, à la démarche affectée de l'homme en place.

De même que l'homme d'esprit se garde, dans sa conversation, de prendre pour texte ce qui a rapport à ses intérêts, à sa profession, à ses habitudes ou à celles de son interlocuteur; dans sa toilette, dans sa démarche, dans ses manières, il évite de se trahir. Aujourd'hui le médecin ou l'avocat qui s'attacherait à paraître toujours grave et vêtu de noir serait ridicule. La toilette offre tant de ressources, tant d'avantages, que la monotonie devient inexcusable dans la mise. Ces gens, dont nous venons d'esquisser quelques traits, sont incessamment préoccupés d'une idée fixe; tandis que l'homme du monde, celui qui apprécie l'élégance et le bon goût, sait qu'en toute chose le meilleur élément de plaisirs, de bonheur, de succès, c'est la variété.

DES BIJOUX.

« Ce qui le couvre le découvre, » dit Cervantes d'un personnage de son immortel roman, toujours chamarré de bijoux. Il semble en effet que l'affectation de riches parures sollicite la critique, provoque l'examen, justifie la malignité.

De tout temps cependant on a beaucoup aimé les bijoux en France. Les diamants, avant même le temps où Louis de Bruges essaya de les tailler, étaient considérés comme la plus précieuse parure ; et quoique l'on ignorât si totalement l'art de les monter, qu'Agnès Sorel appelait son riche et incommode collier, *mon carcan*, les princes se montraient fort jaloux du privilége de les accaparer.

La belle et infortunée Marie-Stuart apporta la première, en France, de très-beaux diamants ; la mode en devint aussitôt générale à la cour ; mais elle passa avec la jeune reine, et, soit inconstance, soit rareté, soit plutôt respect pour un douloureux souvenir, les diverses tentatives que l'on fit pour en remettre l'usage en vogue ne purent réussir.

Dès les premiers jours du règne de Louis XIV, les diamants reparurent. Le fastueux monarque en parsema ses habits de fête ; la reine en couvrit sa ceinture, les épaulettes de sa robe, l'agrafe de son manteau : dès-lors la richesse et la beauté employèrent le diamant en cent galantes façons ; les aigrettes, les bracelets, les bagues, en furent ornés, et jusqu'aux jours où notre révolution se prépara, leur vogue, basée sur un luxe et un goût de toilette bien entendus, se soutint.

La mode a prêté tour à tour son prestige et son appui à différentes parures : l'acier, les perles, les pierres de couleur, les cheveux, les pastilles du sérail, les antiques, montés avec art et élégance, ont brillé sur la scène et dans les salons ; mais le diamant n'a jamais perdu son prestige ni son prix, et quoique la chimie, après tant d'efforts infructueux, soit parvenue à produire une pierre fausse aussi belle, aussi pure que le diamant, celui-ci reste encore le plus riche ornement d'une toilette d'apparat.

Les hommes aujourd'hui portent fort peu de diamants : ce n'est guère que lorsque l'on est marié, positivement établi dans le monde, qu'il est permis d'avoir un beau solitaire ou une épingle de prix. C'est la perfection du travail bien plus que la richesse de la pierre qui fait le prix de l'épingle, ou plutôt du bouton qui retient les plis de la chemise du jeune homme ; et, en fait de bague, il ne peut se permettre qu'un de ces larges anneaux ciselés que les Anglais ont mis à la mode depuis une dizaine d'années.

On doit ranger la montre au nombre des bijoux, car elle est de tous, sinon le plus brillant, du moins le plus utile. Les progrès immenses qu'a faits de nos jours l'horlogerie, permettent de se procurer en ce genre, à un prix très-modéré, un meuble précieux. La profusion de chaînes, de cachets, atteste peu de goût. Une gourmette solide, une simple clef avec son cachet, modèles gothiques, sont très-élégants. La montre se porte dans la poche gauche du gilet ou dans le gousset. Son épaisseur ne doit pas dépasser celle de deux pièces de cinq francs. Les femmes seules font usage de montres à boîtes émaillées. L'or simple, un mouvement sur pierre fine, sorti des mains de Breguet ou de Leroi, suffit à la ville; pour la campagne on a une montre à recouvrement, dite montre de chasse.

La lorgnette de spectacle ne comporte d'autre luxe que sa bonté. L'ivoire et le vermeil en font tous les frais, et c'est dans la finesse des verres que consiste tout son mérite. En s'adressant à MM. Lerebours ou Chevalier, on est sûr d'avoir une lorgnette *achromatique* * aussi bon-

* *A* privatif, *chrome* couleur; qui rend les images plus nettes en corrigeant la réfrangibilité des rayons.

ne qu'élégante dans sa simplicité.

Une mode née sous l'empire, au moment où il était de bonne compagnie d'avoir de mauvais yeux, s'est maintenue, on ne saurait trop dire pourquoi : c'est celle du lorgnon. Lorsqu'on le porte, il faut laisser du moins supposer que c'est par nécessité ; il doit donc être de la plus grande simplicité ; toute recherche, en tendant à en faire un ornement, prêterait au ridicule. Quant aux lunettes, secours des mauvaises vues, recours des vilains yeux, l'écaille à fines branches d'or en fait tous les frais ; il n'est permis qu'aux yeux louches ou privés de cils de porter des verres azurés.

On peut, ce nous semble, sans

blasphême, donner place parmi les bijoux à ces précieux hochets qui trop souvent suffisent aux souveverains pour payer les services rendus à l'état ; à ces décorations, dont Montaigne dit : « C'est une belle in-
« vention, et reçue en la plupart
« des polices du monde, d'établir
« certaines marques vaines et sans
« prix, pour en honorer et récom-
« penser la vertu, comme sont les
« couronnes de laurier, de chêne,
« de myrte ; la forme de certains
« vêtements ; le privilége d'aller en
« coche par la ville, ou de nuit
« avec flambeau ; quelques assiet-
« tes particulières aux assemblées
« publiques ; la prérogative d'au-
« cuns surnoms et titres, certaines

« marques aux armoiries et choses
« semblables ; de quoi l'usage a été
« diversement reçu suivant l'opi-
« nion des nations, et dure encore.
« Nous avons pour notre part, et
« plusieurs de nos voisins, les or-
« dres de chevalerie qui ne sont
« établis qu'à cette fin, etc. »

Nous n'entreprendrons pas de parler des divers ordres de chevalerie qui subsistent encore en Europe ; la décoration de la Légion-d'Honneur, la croix de Saint-Louis, qui ont obtenu une si noble et si juste célébrité, doivent seules nous occuper ici, car leurs insignes doivent briller à la boutonnière d'un grand nombre de ceux à qui s'adresse notre petit livre.

Le ruban rouge, qui se porte en costume de ville à la première boutonnière de droite de la redingote ou de l'habit, peut être attaché ou cousu d'une boutonnière à l'autre, ou bien encore passé dans la boutonnière, retenu en-dessous, et visible seulement à son extrémité. Plus ordinairement, en négligé, on noue simplement le ruban autour de la boutonnière en laissant les deux pointes venir en avant.

En règle générale, on ne porte les croix qu'en uniforme. Cependant en tenue de bal, de soirée, on attache les croix à la boutonnière de l'habit bourgeois après une petite brochette d'or.

Il nous reste un mot à dire sur le

soin qu'exigent les bijoux. On doit les serrer dans un meuble à l'abri de toute humidité. Si par quelque contact ils se ternissent, on les nettoie en les frottant avec une peau blanche. Les bijoux d'acier demandent plus de soin que tous les autres. Une fois rouillés ils ne peuvent recouvrer le poli ni l'éclat qui seuls leur donnent du prix.

APOLOGIE

de la coquetterie.

Mademoiselle de Scudéri, dans ses *Conversations morales*, après avoir ingénieusement défini la coquetterie un déréglement de l'esprit, fait venir le mot coquette de l'italien *civetta*, chouette; elle prétend que la chouette attire la nuit quantité de petits oiseaux autour d'elle, et que par allusion on a appelé de son nom les femmes qui s'attiraient des adorateurs.

Ménage, en s'appuyant de Pasquier, trouve l'origine de coquette dans le mot *coq*, et dit qu'on donna les noms de coquet et coquette aux hommes et aux femmes qui eurent la prétention de plaire à plusieurs, comme les coqs lorsqu'ils font l'amour à leurs poulettes.

Les anciens n'ont point connu la coquetterie, sans doute parce que les deux sexes étaient trop isolés chez eux, où on ne se réunissait guère qu'en famille. Dans les fêtes publiques en effet, dans les cérémonies religieuses, les hommes et les femmes étaient presque toujours séparés ; on ne connaissait point alors ce que nous appelons la société, ces réunions où le désir de paraître aimable porte chacun à faire valoir les agréments de sa personne, les grâces de son esprit, le charme de ses talents, les avantages de son rang ou de sa fortune. On chercherait en vain dans leurs écrits quelque indice du caractère de la coquetterie; les poètes n'ont peint que des femmes vertueuses et fidèles, des femmes adultères et déréglées, et des courtisanes.

Jusqu'au seizième siècle les peuples modernes ressemblèrent sous ce rapport aux anciens, et ne laissèrent apercevoir dans leurs mœurs aucune trace de coquetterie.

Ce fut sous Catherine de Médicis seulement que la coquetterie prit naissance; c'était un caractère nouveau.

Le cercle que cette princesse établit à la cour, inspira à la noblesse et à la bourgeoisie le désir d'en former de semblables ; ce fut en quelque sorte une révélation que l'on pouvait trouver des agréments et des plaisirs hors des réunions dont l'amitié ou la parenté étaient l'ame. On reçut dès-lors chez soi une personne pour son esprit, une autre pour sa fortune, une troisième par déférence pour son rang ; on consentit bien encore à en voir quelques-unes à cause de leurs qualités ou de leurs vertus ; mais le but, en se formant une société, étant de se divertir, d'augmenter en quelque sorte la somme de plaisirs dont chaque maître de maison veut la la plus grosse part, la frivolité présida au choix de ceux qu'on y admit sans amitié, sans lien de parenté, sans amour. Les deux sexes ainsi réunis n'auraient eu qu'une conversation froide et insignifiante, si le penchant naturel qui les harmonise l'un à l'autre, n'eût également agi sur les cœurs; il porta les hommes à ne pas voir avec indifférence des femmes dont la bienveillance se colorait pour eux des dehors de l'amitié; obligés à moins de retenue qu'elles, ils crurent devoir donner à leur politesse toute l'apparence de l'amour. Le langage des femmes, quoique réservé, fut aimable et piquant, parce que la grâce dont la nature les a douées perce toujours; même à leur insu, dans leurs discours comme dans leurs actions : celui des hommes fut vif, spirituel, parce que, ne pouvant dissimuler qu'ils connaissaient l'amour, ils se seraient voués au ridicule en feignant la naïveté, pardonnable à peine à l'ignorance. Cependant les femmes reconnurent qu'il y avait plus de flatterie que de sentiment dans les hommages qu'on leur rendait; elles sentirent le danger de se montrer sensibles à des adulations intéressées, mais ces adulations leur plaisaient trop pour que leurs belles résolutions de résistance pussent être de longue durée; alors l'esprit, toujours fidèle à les servir, l'esprit, inné chez elles avec la malice, vint à leur secours et leur offrit le plus puissant auxiliaire, la coquetterie.

Par imitation de la cour, toutes les femmes devinrent bientôt coquettes. Brantôme nous apprend, dans le *Panégyrique de Catherine de Médicis*, que cette reine avait à sa suite trois cents filles ou dames d'honneur, dont la douce occupation était de séduire et de fixer près de leur souveraine les seigneurs étrangers et nationaux. Suivant lui, habiles et gracieuses comme les nymphes d'Armide, elles réussissaient si bien dans leurs décevantes entreprises, que l'on disait de la cour de France : « C'est le paradis de la terre. » Quelques auteurs ont prétendu que la politique Catherine avait tiré parti de cette brillante et nouvelle sorte de gardes-du-corps; si l'on en croit leurs accusations, les dames de la cour lui révélaient les secrets des captifs qu'elles tenaient dans leurs fers : la chose est possible, mais certes la faute en est plus à l'insidieuse princesse qu'à la complaisante coquetterie de ses aimables agents diplomatiques.

Quoi qu'il en soit, nulle cour ne s'était, d'après les chroniqueurs, montrée aussi brillante, aussi aimable, que celle de Henri II; la cour de Charlemagne même lui fut, disent-ils, inférieure : « Car cet em-
« pereur-roi ne donnait à ses dames
« que deux ou trois tournois par
« an; et, après chaque tournoi,

« comtes, chevaliers, paladins, re-
« tournaient dans leurs châteaux;
« Charles n'ayant pas près de lui,
« comme Catherine, un cerle où
« la beauté, l'esprit et les grâces
« fussent en rivalité, pour domp-
« ter les courages et soumettre les
« cœurs. »

Nous allons peut-être bien étonner les femmes, en leur disant qu'il leur est plus facile de demeurer fidèles que coquettes; leur surprise cessera quand nous expliquerons ce que l'on doit entendre par la coquetterie, dans l'acception véritable du mot.

La coquetterie est le triomphe perpétuel de l'esprit sur les sens; une coquette doit inspirer l'amour, sans jamais l'éprouver; il faut qu'elle mette autant de soin à repousser loin d'elle ce sentiment, qu'à le faire naître chez les autres; elle contracte l'obligation d'éviter jusqu'aux apparences d'aimer, de crainte que celui de ses adorateurs qui passerait pour préféré, ne fût regardé comme plus heureux par ses rivaux; son art consiste à leur laisser continuellement concevoir de l'espérance, sans leur en donner; une coquette enfin, ne peut avoir que des caprices d'esprit. Or, nous le demandons aux dames, est-ce donc chose si facile que de soumettre les besoins du cœur aux jouissances de l'esprit?

Un mari, s'il est répandu dans le

monde, doit désirer que sa femme soit coquette ; ce caractère assure sa félicité ; mais il faut, avant tout, que ce mari ait assez de philosophie pour accorder à sa femme une confiance illimitée. Un jaloux ne peut croire que sa femme reste insensible aux efforts constants que l'on tente pour toucher son cœur ; il ne voit dans les sentiments qu'on lui porte, qu'un larcin fait à sa tendresse pour elle. De là beaucoup de femmes qui n'auraient été que coquettes, par l'impossibilité de l'être, deviennent infidèles ; car les femmes aiment les hommages, les flatteries, les petits soins ; le monde n'attache pas un assez grand prix aux sacrifices qu'elles peuvent faire

trois femmes véritablement coquettes. Le dictionnaire devrait substituer galanterie et galant à coquette et coquetterie.

Mais si la véritable, l'innocente coquetterie devient chaque jour plus rare, la faute n'en est-elle pas aux hommes : préférant aujourd'hui les sensations aux sentiments, ils se lasseraient bientôt d'une coquette qui ressemblerait à celles de Médicis, ou à la Clarisse de mademoiselle de Scudéry; on comprend à peine aujourd'hui, au théâtre, ces rôles de coquettes que les auteurs comiques ont peints cependant d'après nature ; ce caractère n'est plus maintenant qu'une idéalité. Excusons toutefois les femmes ; il est naturel que, convaincues de l'impossibilité de se faire un cercle de *chevaliers de l'espérance*, elles aient dédaigné un caractère qui ne leur pouvait réussir.

Combien nous devons regretter la coquetterie ! si elle venait à s'emparer des femmes, quel changement précieux dans nos mœurs. Nos petits-maîtres, que la facilité des succès rend suffisants, au point de négliger d'être aimables, s'étudieraient alors à le devenir ; le ton, les manières, les discours acquerraient un charme qu'ils ont à peu près perdu ; on verrait revenir ces brillantes réunions dont le désir mutuel de plaire faisait le charme et l'essence ; on reverrait cette fleur

à leur vertu, pour qu'elles ne satisfassent pas ce goût de leur vanité.

A ceux qui crieraient au paradoxe, et qui nieraient que la coquetterie fût réellement une qualité de l'esprit, imposant la chasteté aux sens, nous citerons La Bruyère : « Une femme, dit-il, qui a un galant, se croit coquette ; celle qui en a deux, ne se croit que coquette. »

Abusons-nous moins du nom de coquette qu'on ne faisait du temps de La Bruyère? nous appelons coquette une jeune personne, une femme, qui aime la toilette pour s'embellir seulement aux yeux d'un mari, d'un amant.

Nous appelons encore coquette

une femme qui est soumise à la mode, sans remarquer que souvent chez elle il n'y a aucune intention de plaire, qu'elle obéit uniquement aux exigances de son rang et de sa fortune.

Enfin, nous appelons coquettes des femmes qui passent d'un attachement à un autre; et, par un même abus de ce mot, on entend dire tous les jours, que Ninon était la reine des coquettes, par des personnes qui ont ri du billet à La Châtre. Boileau prétend que, de son vivant, Paris ne comptait que trois femmes fidèles: le trait du satirique n'est ni de bon goût ni de bon sens; il eût pu dire avec plus de raison, qu'on n'y pouvait citer

de politesse, ce doux mensonge qui imite l'amour et la constance, dans la crainte de l'insuccès ; peut-être se trouverait-il de ces coquettes qui brillèrent sous Louis XIII et son successeur, de ces femmes qui ne se bornaient pas à s'efforcer de plaire et de se faire aimer par les agréments de leur personne et de leur esprit, mais qui avaient encore l'ambition d'inspirer à leurs adorateurs des sentiments élevés : les hommes alors écouteraient encore la raison en croyant ne prêter l'oreille qu'à l'amour.

Eh quoi ! va-t-on me dire, d'un vice, ou tout au moins d'un défaut, voulez-vous faire une vertu ? je répondrai que, dans l'impossibilité d'être parfaits, nous devons tâcher d'être aimables; si l'on ne peut concilier l'esprit de société avec la fidélité en amour, il vaut mieux combattre les progrès de l'inconstance avec la coquetterie, que de la laisser dégénérer en galanterie.

La coquetterie arrête le temps pour les femmes, prolonge leur jeunesse, et rend durable la saison des hommages: c'est un juste calcul de l'esprit.

La galanterie, au contraire, précipite la marche des ans, diminue le prix des faveurs, et hâte le jour où elles sont dédaignées. Résumons-nous donc, en exprimant ce vœu du plus profond de notre cœur : puissent les femmes devenir chaque jour plus coquettes !

CONSIDÉRATIONS

sur le choix, l'élégance, l'entretien, et la salubrité des appartements.

Nos maisons sont nos prisons, dit un vieil adage : nous y sommes en effet claquemurés durant les trois quarts de notre existence ; c'est le plus important de nos vêtements ; nous devons donc appliquer tous nos soins à les rendre saines et agréables.

Nos bons aïeux se logeaient dans des maisons étroites et sombres ; l'escalier était tortueux et grossier ; les vitres, petites, enchâssées dans l'étain, ne laissaient pénétrer dans les appartements qu'un jour douteux ; on ignorait l'art du parquetage, et la cire ne rendait pas encore luisantes les briques grossières dont les planchers étaient recouverts. Grâce à Dieu et aux progrès croissants de l'industrie et de l'amour du *confortable*, nous n'en sommes plus là; l'art, en touchant tout de sa baguette créatrice, a tout embelli ; les maisons des plus simples particuliers sont devenues commodes, élégantes, propres surtout. Le besoin de la sociabilité, en accoutumant chacun à vivre en dehors, l'a mis aussi dans le cas de recevoir à chaque instant une visite, juste représaille; dès-lors une élégance modeste et de bon goût, une propreté continuelle, sont devenues un des devoirs imposés par la société.

Dans le choix d'un appartement, la convenance, la mode, l'économie l'hygiène doivent être également consultées. Si, dans la disposition du salon, de la salle à manger, on doit tenir compte de l'approbation des amis que l'on aura à recevoir, les chambres à coucher, les cabinets de travail, la cuisine, la cave, l'office, doivent présenter tous les avantages possibles de commodité, et de salubrité.

De tous les aspects, le plus favorable est le levant. Les premiers rayons du soleil purifient l'air qui les reçoit. Le vent d'est est aussi le plus sain; désigné sous le nom de *Circius* par les Gaulois, il était pour eux l'objet d'un culte particulier; c'est cet aspect que l'on doit préférer pour son habitation, ou du moins pour son appartement. Vient ensuite le sud ou midi, qui dans nos climats tempérés est encore salutaire; on peut y redouter en été l'excès de la chaleur, mais il est aisé de s'en garantir en fermant hermétiquement les fenêtres et les volets : combien d'ailleurs n'est-on pas dédommagé de ce rare inconvénient dans les autres saisons de l'année? Au printemps et en automne on y jouit d'une douce température, et même en hiver on y éprouve un froid moins âpre qu'à toute autre exposition. Il vient de l'ouest des vapeurs humides nuisibles à beaucoup de tempéraments; et le nord, qui amène un air sec et cru, ne peut convenir qu'à certaines complexions.

Des personnes, que le froid incommode, pensent, avec un grand feu, suppléer la chaleur du soleil; erreur: le feu des cheminées, comme celui des poêles, ne s'entretient qu'aux dépens de l'air respirable qu'il absorbe et dénature; les rayons solaires au contraire purifient l'air et le renouvellent à la fois.

Toute habitation a plus d'un aspect, et de nécessité il faut se loger à tous; mais on doit réserver les plus favorables à la santé pour les chambres à coucher, en plaçant aux aspects moins salubres les pièces communes et celles que l'on n'occupe que durant le jour.

Tout le monde sait, et chacun répète, que rien n'est plus dangereux pour la santé que d'habiter une maison nouvellement construite, et cependant, à Paris *, les

* Il ne sera peut-être pas hors de propos de signaler ici quelques-uns des inconvénients des constructions modernes.

Il est rare que l'on construise une maison de moins de six étages, non compris le rez-de-chaussée. Il en résulte que les rayons du soleil ne baignent que les étages supérieurs. Pour tirer meilleur parti du terrain, on place quatre ailes de bâtiment de trente à quarante mètres d'élévation, autour d'une étroite cour, sur laquelle prennent jour la presque totalité des appartements. Cette cour n'est, à proprement dire, qu'un puits profond,

boutiques sont occupées, les étages inférieurs sont habités, avant même que le comble soit couvert; les plus graves accidents peuvent être le résultat d'une semblable imprudence.

Si le choix de l'emplacement où on se propose de fixer son domicile est important pour la santé, la dis-

toujours humide. Les logements inférieurs, placés autour de cette enceinte étroite, sont des espèces de cachots où l'air et la lumière ne pénètrent jamais.

Le rapport du Conseil de salubrité du département de la Seine, pour l'année 1827, contenait à ce sujet des observations importantes, que nous croyons utile de reproduire.

« Nous voyons de tous côtés, y est-il dit, des
« maisons, des murs, des passages, prendre la place
« des jardins; les étages s'élèvent, les cours se ré-

tribution intérieure de l'habitation et la propreté des appartements ne sont pas moins essentielles.

En principe, pour être sain, il faut qu'un logement soit élevé et suffisamment spacieux. Dans ces entresols si bas que la tête touche presque au plafond, dans ces combles lambrissés, où l'on entre à

« trécissent, en un mot, le sol parisien ne semble
« plus fait que pour recevoir des pierres entassées,
« pour nous servir de prisons... L'autorité, char-
« gée de veiller au bien-être des citoyens, de-
« vrait intervenir par ses réglements, pour diri-
« ger les travaux des constructeurs, et empêcher
« qu'une aveugle cupidité ne prépare aux habi-
« tants des villes qui, comme Paris, s'agrandissent
« chaque jour, des sources où ils puiseront les
« germes de nombreuses maladies, et les causes
« d'une mort prématurée. »

peine sans se baisser, l'air est incessamment altéré par la respiration. Les appartements élevés sont plus froids, il est vrai ; mais, alors que les autres abrègent la vie, ils l'entretiennent et la prolongent.

Toute pièce où l'on couche doit avoir un jour direct ; lorsqu'il est pris sur une autre pièce ou sur un escalier, il ne donne pas assez d'accès à l'air extérieur. Les alcôves, les chambres, les cabinets obscurs, sont malsains : la lumière est un principe vivifiant.

Il faut nous rendre cette justice de dire que nous sommes aujourd'hui plus soigneux de la propreté de nos maisons que ne l'étaient nos pères. Le luxe et la magnificence des palais de Louis XIV n'empêchaient pas qu'ils ne fussent fort mal tenus sous le rapport de la propreté *. Quelques progrès cependant que nous ayons faits, nous sommes encore loin d'égaler, sous ce rapport, les Belges nos voisins, et naguère nos compatriotes. Pauvres ou riches chez eux tiennent également à honneur de voir tout ce qui leur appartient propre, soigné, luisant. Le pavé des cheminées, le parquet des hôtels, le marbre des palais sont également lavés, séchés et

* « Le Roi et Monsieur étaient habitués, dès « leur enfance, à la saleté de l'intérieur des « maisons, en sorte qu'ils ne croyaient pas que « cela pût être autrement. » *Correspondance de la duchesse d'Orléans, mère du régent.*

frottés chaque jour; les vestibules, les corridors, les escaliers, sont nettoyés avec autant de soin que l'intérieur des appartements *, et cette recherche tourne également au profit de l'agrément de la vie, et du maintien de la santé.

Les appartements à Paris se divi-

* On raconte que l'empereur Charles-Quint, traversant un village de Hollande, témoigna à un des notables du lieu le désir de voir l'appartement de sa femme. Le brave homme prie Sa Majesté impériale d'attendre qu'il en ait obtenu la permission. Il court vers sa femme, et lui dit le désir de l'empereur. Celle-ci hésite un moment, et s'écrie: *Non ! il ne voudrait pas se déchausser.* (En Hollande, les femmes ont une telle attention à garantir leurs chambres particulières de tout ce qui pourrait les salir, que le mari n'y entre point avec ses souliers.)

sent en trois spécialités: appartements de maîtres, appartements de ménages, logements de garçons.

Les premiers, auxquels en général on a sacrifié l'élégance et la commodité du reste de la maison, ne laissent rien à désirer. C'est là que l'architecte s'est plu à développer toutes les recherches, toutes les ressources de son talent; il ne s'agit pas, pour faire choix d'un appartement de ce genre, d'avoir du goût, il ne faut que de l'argent.

L'appartement de l'homme marié, jouissant d'une fortune convenable, est plus difficile à choisir. C'est en général au troisième étage qu'on le trouve. Un salon, deux chambres à coucher, une chambre d'enfant, la salle à manger, l'antichambre et la cuisine le composent. Les domestiques sont relégués dans les combles, et souvent l'écurie est dans une maison voisine.

Quant au logement de garçon, rien n'est plus commun ; pas d'étage où l'on ne trouve une antichambre, un petit salon, une élégante chambre à coucher : pourvu que le papier soit frais, les cheminées modernes, et les meubles élégants, si la femme de ménage est intelligente, le frotteur exact, un garçon doit être très-bien logé.

Il est toutefois un point délicat auquel un garçon ne saurait attacher trop d'importance, et qui, bien qu'en dehors du logement, ajoute ou ôte beaucoup a son prix : c'est le choix d'une portière.

La portière est l'intermédiaire obligé entre le garçon, sa famille, ses amis ; c'est elle encore qui reçoit la correspondance, qui répond aux informations, donne les renseignements, perçoit les loyers, congédie les fournisseurs; avec son cordon, elle tient, en quelque sorte, dans ses mains le repos de son locataire célibataire. Il doit à tout prix la mettre dans ses intérêts. Le meilleur et le plus simple moyen pour atteindre ce but, est de choisir sa portière pour femme de ménage. Une fois sûre de ses gages, elle s'initie aux petits mystères de la vie de garçon, cesse d'être un incommode Argus, devient prodigue de politesse, d'attentions.

Quand on réfléchit au bien, au mal que peut faire une portière, on ne saurait hésiter d'acheter son dévouement. Que de belles réputations commencées par les panégyriques dont retentissaient les loges d'un quartier! que de fortunes, que de successions, que de mariages manqués pour une indiscrétion de portière!

CONCLUSION.

MORALITÉ.

DE L'EXAGÉRATION.

La toilette est donc l'auxilliaire de la beauté, le palliatif de la laideur, l'appui de la santé : envisagée jusqu'à ce moment sous toutes ses faces, elle nous a paru constamment préparant le bonheur, le plaisir, et dispensant, en retour du sacrifice de quelques instants, les plus précieux avantages.

Comme l'abus cependant des meilleures choses équivaut à l'emploi des pires, force nous est de convenir que l'amour de la toilette, porté à l'excès, entraîne à sa suite les plus graves inconvénients : nous allons essayer d'en signaler quelques-uns ; car, dans un traité du genre de celui-ci, il ne doit pas suffire d'enseigner ce qui est bon à faire, il faut encore noter ce qu'il est indispensable d'éviter.

Un lecteur chatouilleux va s'arrêter ici, demandant si nous nous défions de son intelligence. Certes non ! nous ne doutons pas que les enseignements que nous nous étions proposés de rassembler ne soient parfaitement compris ; mais il faut bien une ombre au tableau : le contraste fait plus vivement saillir les objets ; et c'est en mettant en regard le bon et le mauvais côté des choses qu'on les fait mieux apprécier.

Une taille fine et déliée est pleine de charmes dans une jeune personne ; mais ce qui en fait surtout le prix, c'est l'abandon, c'est la souplesse. La plupart des femmes, cependant, pour renchérir sur la mode, donnent à leur tournure un air raide et guindé : elles font de leurs corsets des étaux, se martyrisent, perdent leur grâce, leur fraîcheur ; on le leur dit, elles le savent, mais elles ne peuvent se résoudre à porter plus d'un tiers.

Lady Morgan, dans son ingénieux ouvrage sur la France, trace, avec son talent original et vrai, le portrait d'un *ultrà-dandy*. Elle fait finement ressortir tout ce que l'exagération donne de ridicule, même au mérite; il n'est pas un Anglais bien élevé qui n'ait lu, approuvé ce passage : les salons de Londres, ceux de Paris, n'en sont pas moins peuplés de jeunes gens qui semblent ne devoir la forme et le mouvement qu'aux progrès de la science de la mécanique.

Les petits hommes épousent toujours de belles personnes, et c'est quelque chose d'assez comique que d'observer à la promenade l'allure de ces couples mal assortis. Il en est de même des modes ; ce sont ceux que la nature a le moins favorablement traités qui s'attachent de préférence à devancer plutôt qu'à suivre les révolutions de la toilette.

Le désir immodéré de plaire est

aussi un des mobiles puissants qui font passer de la convenance à l'exagération. Quels en sont les résultats? L'un veut donner à ses dents une blancheur que la nature leur refuse, il les déchausse et les ébranle; un autre, à force de friser ses cheveux, les dessèche et leur ôte tout principe de vie; un troisième se met à la torture dans une chaussure trop étroite; les femmes, en se découvrant les bras et le cou, abrégent leur existence; on boit du vinaigre pour maigrir, et l'on s'empoisonne; les bains trop fréquents épuisent et abrutissent : il n'est enfin si bonne chose dont l'abus ne soit nuisible et dangereux.

Si l'habitude de la toilette annonce l'amour de l'ordre, le respect de soi-même, celui des autres ; si elle dénote la régularité dans la conduite, et dispose aux plus favorables préventions, elle entraîne aussi à sa suite, il faut en convenir, un défaut presque inévitable, c'est l'excès de délicatesse. Dans ce monde, où rien n'est stable, où tant d'événements se succèdent, enchaînés par des liens inaperçus, on doit se garder de contracter des habitudes trop enracinées de recherches. Qui sait à quelles épreuves le destin le réserve? qui sait si ces besoins factices, sources de tant de petites félicités, ne deviendront pas un jour un sujet de regrets et de douleurs? La toilette a pour base la propreté, mais non la mollesse; il faut qu'elle favorise la beauté, mais c'est la santé avant tout qu'elle doit affermir et développer.

FIN.

TABLE.

Prolégomènes. 5

TITRE PREMIER.

DES PERSONNES.

Chapitre I. De la beauté. 23
II. De la peau. 27
III. Des rides. 33
IV. De la chevelure. 37
V. Des yeux. 43
VI. De l'oreille. 47
VII. Du nez. 51
VIII. De la bouche. 55

IX. Des dents.	59
X. De la barbe.	63
XI. Du corps.	67
XII. Des bras.	71
XIII. Des mains et des ongles.	75
XIV. De la maigreur.	81
XV. De l'obésité.	85
XVI. De la transpiration.	89

TITRE DEUXIÈME.

DES CHOSES.

Chapitre I. Du logement.	93
II. De la mise.	101
III. Du linge.	105

IV. De l'habit et de la redingote. 111

V. Des culottes et pantalons. 119

VI. De la chaussure. 123

VII. Du chapeau et des gants. 129

VIII. Des vêtemens de nuit. 135.

IX. Des brosses. 139

TITRE TROISIÈME.

ÉCUEILS.

Chapitre I. De la raideur. 143

II. Des transitions. 147

III. Des gestes. 153

IV. Des raccords. 157

APPENDICE AU TITRE PREMIER.

Cosmétiques. 163

APPLICATIONS.

Méditations sur la mode. 197

Des bains. 207

Des passants. 225

Des Bijoux. 235

Apologie de la coquetterie. 246

Considérations sur le choix, l'élégance, l'entretien et la salubrité des appartements. 265

MORALITÉ.

De l'exagération. 283

FIN DE LA TABLE.

www.ingramcontent.com/pod-product-compliance
Lightning Source LLC
Chambersburg PA
CBHW070737170426
43200CB00007B/558